KB272398

하나님 얼굴의 심리학:

영적 변화와 심리적 변화의 연결점

하나님 얼굴의 심리학

영적 변화와 심리적 변화의 연결점

초판 1쇄 인쇄 | 2026년 2월 24일
초판 1쇄 발행 | 2026년 2월 28일

지은이　이재현
펴낸이　박경수
펴낸곳　장로회신학대학교 출판부

등록　제1979-2호
주소　(우) 04965 서울시 광진구 광장로5길 25-1(광장동)　전화 02-450-0795
팩스　02-450-0797
이메일　ptpress@puts.ac.kr
홈페이지　http://www.puts.ac.kr

값 14,000원
ISBN　978-89-7369-509-6

이 책을 지난 반년동안 힘든 투병 끝에 돌아가셨지만

영원히 내 마음에 남아 계실

어머니 안명자 권사께 드립니다.

하나님 얼굴의 심리학:

영적 변화와 심리적 변화의 연결점

장로회신학대학교출판부

___

많은 선배나 동료 학자들이 그런 것처럼 필자 역시 이제까지 현대 심리학과 기독교신앙의 대화에 많은 관심을 기울여왔다. 특히 필자는 박사과정 때부터 칼 바르트(Karl Barth) 등의 관계신학과 대상관계심리학 같은 현대심리학을 서로 연결시켜 보려고 노력해왔다. 그 중에서도 하인즈 코헛(Heinz Kohut)의 자기대상(selfobject) 개념은 하나님이 인간 내면에서 행하시는 역할과 변화를 이해하는 데 중요한 실마리를 제공한다고 생각했다. 필자가 이런 생각을 가지고 성경을 읽으며 그 속에서 발견한 의미심장한 문구가 바로 '하나님의 얼굴'이다.

얼굴이라는 단어는 그 활용형을 포함해서 성경에 2천 번 이상 나온다. 특히 이 단어는 성경 여러 곳에서 하나님과 연결되어 '하나님의 얼굴' 같은 표현에 사용된다. '하나님의 얼굴'은 성경에서 하나님과의 관계를 함의하는 말이다. 즉 하나님의 얼굴을 잃어버린 것은 하나님과의 관계의 단절을 의미하고, 하나님의 얼굴을 찾는 것은 하나님과의 관계의 회복을 의미한다. 주목할 점은 이러한 하나님의 얼굴에 대한 반응이 그 사람의 심리상태와 밀접하게 연결되어 있다는 사실이다.

우선 창세기에서 **"하나님의 얼굴을 피하여 숨는"**(창 3:8) 행동은 수치심이나 의심, 두려움, 분노 같은 감정으로 이어진다. 특히 다음 같은 구절에서 우리는 하나님 얼굴을 잃어버린 것이 인간의 실존적 위기와 불안의 근본원인이라는 사실을 알 수 있다. **"주께서 오늘 이 지면에서 나를 쫓아내시온즉 내가 주의 낯을 뵈옵지 못하리니 내가 땅에서 피하며 유리하는 자가 될지라. 무릇 나를 만나는 자마다 나를 죽이겠나이다"**(창 4:14).

한편 신구약 성경인물들의 이야기는 잃어버렸던 하나님의 얼굴을 되찾음으로써 내면의 불안과 두려움을 극복한 사람들의 이야기이다. 예컨대 모세는 광야에서 대면한 하나님을 통해 잃어버렸던 자신의 삶의 이유를 찾고 역경을 헤쳐갈 힘을 얻었다. **"내 영혼이 하나님 곧 살아 계시는 하나님을 갈망하나니 내가 어느 때에 나아가서 하나님의 얼굴을 뵈올까"**(시 42:2) 탄식하던 다윗 역시 그가 찾은 하나님의 얼굴을 통해 삶의 역경을 이겨낼 수 있었다.

특히 신약시대 이후 사람들은 성육신하신 예수 그리스도의 얼굴에서 그들의 잃어버렸던 하나님을 만난다. "**어두운 데에 빛이 비치라 말씀하셨던 그 하나님께서 예수 그리스도의 얼굴에 있는 하나님의 영광을 아는 빛을 우리 마음에 비추셨느니라**"(고후 4:6). 그래서 우리는 그리스도의 얼굴빛을 반영하는 사람이 되고 또 내적 변화를 통해 그리스도의 형상을 이루는 사람이 된다. "**우리가 다 수건을 벗은 얼굴로 거울을 보는 것 같이 주의 영광을 보매 그와 같은 형상으로 변화하여 영광에서 영광에 이르니 곧 주의 영으로 말미암음이니라**"(고후 3:18). 말씀 그대로 이러한 변화는 하나님의 영으로 말미암는 영적 변화인 동시에 그 영으로 말미암는 내면의 인격적 변화이다.

요컨대 이 책은 '하나님의 얼굴'이라는 키워드를 중심으로 하나님의 영이 이루시는 이러한 영적 변화와 인격적 변화 사이의 상호연관성을 규명해 보려는 시도이다. 필자는 이 책 서두를 인간 영혼이 영원불변하는 내적 실체라는 기독교신앙에 대해 유발 하라리(Yuval Harari)가 던지는 의문에 답하는 것으로 시작한다. 필자의 답은 성경이 말하는 프쉬케(ψυχή)가 그 자체로 영원불변하는 내적 실체가 아니라 하나님의 영으로 말미암아 살아나는 인간의 생명력이라는 것이다 (창 2:7). 또한 이 책에서 필자의 주장은 하나님의 얼굴이 바로 그러한 인간과 하나님 사이의 소통이 이루어지는 통로이며, 그러한 '영적' 소통을 통해 살아나는 것이 바로 인간의 프쉬케, 즉 마음이라는 것이다.

필자의 이러한 성경적 심리학에 흥미를 느끼는 독자라면 이제 다음 장부터 전개되는 성경과 심리학의 대화에 함께 참여하며 많은 비평과 질문을 던져 주기를 기대해본다.

2025년 歲暮
광나루 연구실에서
이재현

목차

II. 마음과 영
– 고금(古今)의 심리학들과의 대화 • 45

IV. 세상과 하나님 나라
– 유아심리학과의 대화 • 155

I

현대과학이 던진 질문
- 유발 하라리와의 대화

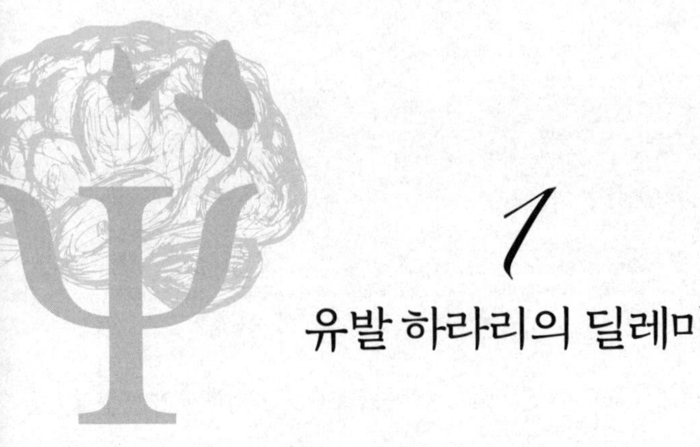

1

유발 하라리의 딜레마

AI와 인간

최근 인류에게 심각한 고민거리로 대두되고 있는 것이 AI (artificial intelligence) 이다. 인간이 개발한 AI가 인간의 능력을 넘어 급기야 인간을 위협하는 상황에까지 이르렀기 때문이다. AI는 원래 인간에게 도움을 주기 위해 개발된 도구이다. 그런데 이렇게 개발된 AI가 인간의 역할을 대체하면서 대두되기 시작한 문제는 첫번째로 사람들이 AI에게 일자리를 빼앗기기 시작했다는 점이다. 인간의 가치가 줄곧 경제적 가치로 환산되는 현대사회에서 이런 현상은 결국 인간이 기계보다 못한 존재로 전락할 수 있다는 우려를 야기한다.

그런데 어쩌면 이보다 더 심각한 문제는 앞으로 우리 삶이 AI의 지배 하에 놓일지도 모른다는 사실이다. 최근 챗GPT나 제미나이 등에 의해 생산되는 지식정보는 우리 일상의 크고 작은 판단이나 선택에 영향을 끼치면서 사실상 우리 삶을 지배하기 시작했다. AI가 새로운 시대의 종교까지 만들어낼 수 있을 것이라고 역사학자 유발 하라리(Yuval Noah Harari)는 경고한다.[1] 이것은 요컨대 우리가 무엇을 믿고 따라야 할지까지 앞으로 AI가 지시하게 될 것이라는 의미이다.

그러나 AI가 우리 삶을 지배하게 된 현실의 위험성은 흔히 SF영화들에 묘사된 것 같이 AI가 인간과 똑같아져서 발생하는 문제는 아니다. AI는 인간과 다르며 앞으로도 역시 그러할 것이다. 실상 위에 언급한 문제들은 AI가 인간과 똑같아졌기 때문이 아니라 오히려 여전히 인간과 다르기 때문에 발생하는 문제들이다. 그러면 구체적으로 AI는 인간과 어떻게 다른가?

하라리는 AI가 인간과 다른 점이 무엇보다 AI에게는 인간에게 있는 '의식(consciousness)'이 없는 점이라고 이야기한다.[2] 예컨대 AI 드론이 아군을 공격하는 것 같은 문제는 그것이 의식이 있어서가 아니라 의식이 없기 때문에 발생하는 문제이다. 자율주행 자동차가 인명(人命)을 해치거나 AI 면접에서 인종차별, 성차별 같은 문제를 일으키는 이유 역시 마찬가지이다. 이런 일을 행하는 AI는 특정인이나 특정집단에 어떤 나쁜 의도를 가졌기 때문이 아니라 오히려 나쁜 의도건 좋은 의도건 아무런 의도도 갖고 있지 않기 때문에 그렇게 하는 것이다.

하라리는 AI에게 없는 것이 '마음(mind)'이라고도 말한다.[3] 그런데 AI가 의식이 없다 마음이 없다는 말은 어느 쪽이나 그 자체로 의미가 그렇게 분명한 말은 아니다. 그것이 무슨 뜻인지 좀더 구체적인 설명이 필요한데 이것은 아마도 '의식'이나 '마음'이 매우 설명하기 어려운 인간고유의 특성을 지칭하는 말들이기 때문일 것이다. 그러나 그럼

　I. 현대과학이 던진 질문 - 유발 하라리와의 대화

에도 불구하고 이런 용어의 의미가 무엇인지 특별히 AI와의 차이점을 중심으로 좀더 생각해 볼 필요가 있다.

먼저 하라리가 인간에게는 있는데 AI에게는 없다고 말한 '의식'이란 무엇인가? 하라리는 이 의식을 "고통을 느낄 수 있는 능력(the capacity to suffer)"이라 정의한다.[4] 그에 의하면 인간은 AI와 달리 고통을 느낄 수 있는 존재이며 바로 그렇기 때문에 윤리적, 법적 주체가 될 수 있다. 하라리가 예로 드는 것이 차량 절도이다. 예컨대 누군가가 내 차를 훔치면 그것은 범죄가 된다. 그 이유는 그로 인해 내 차가 고통을 겪는 것이 아니라 내가 고통을 겪기 때문이다. 나는 내 차와 달리 고통을 겪는 존재이다. 그래서 나는 윤리적 책임과 함께 권리를 가진다. 차량 손괴에 비해 사람을 해치는 것이 훨씬 더 중죄인 이유 역시 사람은 고통을 받는 존재이기 때문이다.

그런데 이러한 하라리의 주장은 금방 딜레마에 빠지고 만다. 문제는 인간만 아니라 소, 돼지, 양 같은 동물들 역시 인간처럼 고통을 느끼는 존재들이라는 점이다. 그렇기 때문에 그런 동물들 역시 의식을 가진 존재로서 윤리적, 법적 주체가 된다고 봐야 할 것인가? 하라리는 동물 역시 의식이 있다는 것을 시사하는 신경과학적 연구보고("의식에 관한 캠브리지 선언," 2012)를 인용하기도 한다. 이런 과학적 보고의 영향으로 뉴질랜드 같은 나라에서는 최근 동물복지법이 통과되었다는 사실을 언급하기도 한다. 또 이런 일이 인간과 다른 동물들간의 '의식의 우열(優劣)'을 따질 수 있는지에 대한 치열한 논쟁을 야기하고 있다고도 이야기한다. 그런데 하라리 자신은 이런 쟁점들을 소개할 뿐 그것에 대해 자신의 분명한 입장을 제시하지 못한다. 스스로 답하지 못하는 질문들만 계속 나열할 뿐이다.[5]

하라리가 이렇게 스스로의 질문에 답하지 못하고 딜레마에 빠진 이유는 무엇인가? 이것은 근본적으로 그가 갖고 있는 진화론적 세계관에 기인한다고 생각된다. 즉 동물과 인간 사이의 생물학적 연속성을 전제하는 그의 세계관에 기인한다는 것이다. 이런 세계관에 따르면 인종 간의 평등을 강조할수록 인간과 다른 동물들 사이의 평등 또한 인정할 수밖에 없게 된다. 이와 더불어 야기될 수 있는 더 심각한 문제는 인간에 비해 열등한 종(種)들의 생명이 경시되는 것처럼 상대적으로 열등하다고 여겨지는 인종의 생명도 경시될 수 있다는 점이다.

또한 하라리의 딜레마는 더 심층적으로 그가 기반한 유물론적 세계관에 기인한다고도 볼 수 있다. 즉 의식의 작용을 단지 신경물리학적 현상으로 환원시켜 보는 그의 과학주의적 사고에 기인한다고 볼 수 있다. 신경물리학은 일종의 물리학이다. 즉 의식을 신경물리학적 현상으로 본다는 것은 의식을 단지 물리적 현상의 일종으로 본다는 것이다. 의식이 이렇게 물리적 현상에 지나지 않는다면 다른 동물만 아니라 AI 역시 언젠가는 인간과 같은 수준의 '의식'을 갖게 되어 결국 인간과 동등해지리라는 예측을 반박하기 어려워진다. 더 나아가 AI가 인간보다 더 우월해지리라는 예측도 반박하기 어려워진다.

AI의 마음

AI가 인간과 다른 점이 '마음(mind)'이 없는 점이라 해도 문제는 마찬가지이다. 마음을 단지 신경과학적 현상으로 환원시켜 본다면 말이다.

    I. 현대과학이 던진 질문 - 유발 하라리와의 대화

마음이 인간을 AI와 구별짓는 요소라 볼 수 있을지 따져보기 전에 먼저 이 '마음'이란 것이 무엇인지부터 분명히 할 필요가 있다. 하라리가 인간을 AI와 구별짓는 특징이라 한 '마음'은 영어로 mind이다. 이 mind를 우리말로 '마음'이라 번역하지만 사실 mind는 마음보다는 '사고'라 번역하는 것이 더 정확한 말이다. mind는 주로 생각하는 기능을 의미하기 때문이다. 어쨌든 이렇게 생각하는 기능이 인간을 AI와 구별짓는 특징이라면 많은 사람들이 고개를 갸웃할 것이다. 왜냐면 오늘날 AI는 이미 인간의 사고를 많은 부분에서 대체하고 있을 뿐 아니라 이미 상당한 수준으로 인간의 사고력을 앞서고 있기 때문이다.

한편 우리말의 마음은 영어의 mind만 아니라 heart의 번역어이기도 한다. 사실 우리말의 마음은 mind보다 감정이라는 의미의 heart에 더 가깝다. 사실 하라리가 AI와 구별되는 인간의 특징이라고 한 마음도 사고력보다는 감정에 더 가깝다고 볼 수 있다. 그는 인간이 AI와 다른 점이 고통을 느끼는 점이라 했는데 고통을 느끼는 것은 사고보다는 감정이라 볼 수 있기 때문이다.

그렇다면 생각보다는 이런 감정이 참으로 인간을 AI와 구별짓는 특징이라고 할 수 있을까? 다시 말해 AI는 인간과 달리 고통을 느끼는 감정이 없기 때문에 인간과 다르다고 단정할 수 있을까? 이 물음에 우리는 쉽게 그렇다고 답할 수 있다. 그러나 최근 현대과학의 연구결과에 따르면 AI가 생각이 없다고 말하기 어려운 것처럼 감정이 없다고도 이제 쉽게 말하기 어려워졌다. 역시 논란의 중심에 있는 것은 신경과학의 연구결과이다. 최근 신경과학자들의 연구에 따르면 감정이란 어떤 유기체가 외부에서 취득한 데이터를 생존에 적합한 방식으로 처리하는 일종의 생화학적 알고리즘이다.[6] 예컨대 '두려움(fear)'이란 감정이 어떻게 우리 안에서 일어나고 작동하는지 신경과학적 관점에서 설명하는 하라리의 말을 들어보자.

> 어떤 사람이 사자를 보면 전기신호들이 그의 눈에서 뇌로 이동한다. 들어오는 신호들은 특정한 뉴런을 흥분시키고, 그러면 그 뉴런들이 발화해 더 많은 신호를 내보낸다. 그 신호들은 다시 하류에 있는 다른 뉴런들을 흥분시키고, 그러면 그 뉴런들이 발화한다. 해당하는 뉴런들이 모두 충분히 빠른 속도로 발화하면, 부신이 몸에 아드레날린을 퍼붓고 심장에는 더 빨리 뛰라는 명령을 내린다. 한편 운동중추의 뉴런들도 발화해서 늘어나고 수축하라고 다리근육에 신호를 보낸다. 그러면 그 사람은 사자에게서 도망친다.[7]

이런 일련의 과정은 무의식적으로, 또는 반사적으로 이루어지는 과정이다. 이런 무의식적, 반사적 과정에는 이전에 그 사람이 사자를 만나 혼쭐이 났던 기억까지 포함된다. 이런 일련의 반응이 의식 이전에 우리 안에서 무의식적, 반사적으로 진행될 때 우리는 그것을 대개 "두려움을 느낀다"라고 표현한다.

감정이란 이 같은 일련의 무의식적, 반사적 반응의 알고리즘이라 볼 수 있다. 그러면 우리는 이러한 알고리즘이 인간만의 고유한 특성이라 말할 수 있을까? 동물들에게도 동일한 알고리즘이 작동한다는 것은 두 말할 나위 없다. 그런데 최근 점점 더 정교해지는 AI로봇에게도 이와 비슷한 알고리즘이 실현되지 못할 이유가 없다는 것이 과학계의 주장이며, 실제로 그 같은 AI 개발이 진행되고 있다. 결국 AI와 유기체

사이의 경계가 점점 불분명해지고 있는 것이다.

이 문제에 관해 우리는 그런 알고리즘이 존재하느냐 여부보다 그 런 반사적 과정에 대해 유기체 자신이 어떤 의식적 반응을 하느냐 하 는 점에 방점을 둘 수 있다. 이 말은 이런 뜻이다. 우리는 대개 감정이 나 감각능력이 있는 유기체와 그렇지 않은 사물을 구분하는 데 익숙해 져 있다. 그런데 실상 감정이나 감각능력을 가진 유기체라고 해도 모두 가 같은 것은 아니다. 그 중에는 그런 자신의 감정이나 감각에 대해 정 말 반사적으로만 반응하는 생물이 있는가 하면 그런 자신의 감정이나 감각을 '고통'으로 인식하고 그런 고통의 인식에 따라 반응하는 동물 도 있다. 오늘날 고도로 발전한 AI는 유기체의 반응과 유사한 알고리 즘을 구현해서 유기체와의 간격을 좁히고 있다. 이런 상황에서 우리는 인간과 AI의 차이를 그러한 반사적 알고리즘의 유무보다 그러한 반사 적 과정에 대해 자의식이나 반성적 의식을 갖고 있는지 여부에서 찾을 수 있다. 다시 말해 고통을 느끼느냐 느끼지 않느냐 하는 점보다 그 고 통을 어떻게 인식하고 반응하느냐 하는 점에 더 주목할 수 있다.

유발 하라리는 바로 이런 관점에서 단순한 고통(pain)을 '고통스 러워하는 것(suffering)'과 구분한다. 고통이 고통의 감각 자체를 뜻한 다면 고통스러워하는 것은 그런 고통의 경험을 부정적으로 인식하면 서 그것과 다른 경험을 원하는 고등동물들의 의식적 반응이다.[8] 하라 리는 바로 이렇게 '고통스러워하는' 것이 인간을 포함한 고등동물들이 AI와 다른 점이라고 주장한다.

우월한 메타인지 능력?

그런데 정말 그러한가? 하라리가 단순한 '고통'과 '고통스러워하는 것'을 구별한 것은 인간이 자기 경험에 대해 가진 자의식을 인간 고유의 특징으로 보려는 것이다. 그런데 이렇게 자의식을 강조하는 관점에서 볼 때 문제는 예컨대 천적에게 꼬리가 붙잡히자 스스로 그 꼬리를 자르고 도망가는 도마뱀이 사람보다 오히려 AI에 더 가깝다고 볼 수 있다는 점이다. 그 도마뱀은 그것에게 주어진 문제를 반사적 알고리즘에 따라 즉시 해결했을 뿐 그런 경험에 대해 별로 자의식을 갖거나 '고통스러워하는' 것처럼 보이지 않기 때문이다.

그런데 하라리는 이렇게 인간의 특징이 자의식이라 보는 관점에도 모순이 있다는 사실을 다시 인정한다. 그 이유는 때로 인간의 가장 인간다우며 고귀한 행동이라고 여겨지는 행동이 자의식 없이 반사적으로 이루어지는 것처럼 보이기 때문이다. 예컨대 찻길에 다가가는 아기를 발견하고 쏜살같이 그에게로 달려가는 엄마의 행동이 그러하다.[9]

자의식을 가장 인간다운 특징으로 보는 관점이 부딪치는 또 한가지 모순은 역설적이게도 오늘날 고도로 발전한 인공지능이 어떤 면에서 오히려 인간보다 더 탁월한 자기반성능력, 혹은 메타인지능력을 갖춘 것으로 보이기 때문이다. 혹자는 이른바 메타인지능력이 AI시대에도 인간을 인간으로 특징짓는 인간 고유의 능력으로 남아 있을 것이라 주장한다.[10] 그러나 사실상 AI는 현재시점에 이미 인간의 메타인지능력을 넘어섰으며 앞으로도 더욱 인간과의 격차를 벌여갈 것이라 예상된다. 소위 딥 러닝(deep learning) 기술의 발전이 그러한 예이다. 딥 러닝이란 인공신경망(artificial neural network)을 계속 '깊게' 형성하는 방식으로 시스템이 획득한 데이터를 스스로 평가하고 체계화하는 능력을 고도화하는 AI기술이다. 이것은 다름 아닌 인간 뇌의 작동 방식을 AI가 유사하게 모방한 것으로 이세돌을 이긴 알파고의 기술이 바로 그런 것이었다. 알파고의 승리는 AI의 메타인지능력이 인간의 능력을 이미 능가하고 있음을 보여주는 예이다.

물론 AI의 메타인지는 인간이 사고하는 방식과는 좀 다르게 작동한다. 예컨대 "페루에서 세번째로 큰 도시는 어디입니까?"라는 질문에 대해 우리는 '그런 나라에 대해 내가 알 리가 없지'라는 선입견이 작동하여 즉시 "모른다"고 답해 버린다. 이에 비해 AI는 그것이 활용가능한 모든 정보를 전부 검색한 다음에야 비로소 모른다고 답한다.[11] 이러한 차이는 인간이 AI와 달리 단지 지식 데이터만을 가지고 사고하는 것이 아니라 삶 가운데 체득한 경험을 가지고 판단하는 존재이기 때문이다. 그런 경험에 기인한 친밀함, 낯섦, 두려움, 의심 같은 감정들이 인간의 판단에 절대적으로 중요한 영향을 끼친다. 그런데 사실 이런 친밀감, 낯섦, 두려움, 의심 같은 감정들은 정확한 판단보다는 오히려 판단의 오류를 야기할 가능성이 더 큰 것들이다. AI의 판단이 차라리 인간보다 더 신뢰할 만하다고 할 수 있는 이유가 바로 여기 있다. 오늘날 많은 영역들, 예컨대 주식투자나 인력선발, 사고(事故) 예측 등에서 AI가 인간을 대체하고 있는 것이 바로 이 때문이다. 그러나 인간의 사고는 그처럼 자신의 경험과 감정에 영향을 받기 때문에, 그래서 오류도 범할 수 있기 때문에 오히려 더 '인간다운' 것이라 할 수 있다.

어찌 보면 경험에 의해 반사적으로 빠른 판단을 내리는 것은 AI보다 도리어 도마뱀의 특성에 더 가깝다. 그런 판단은 이른바 '파충류의 뇌'에 의한 것이기 때문이다. 아이를 구하기 위해 찻길로 뛰어드는 엄

마의 행동이 바로 그러하다. 이런 엄마에 비해 AI는 개인적인 감정이
나 선입견을 배제하고 객관적인 데이터에 의거하여 판단을 내리기 때
문에 오히려 더 정확하고 합리적인 판단을 할 수 있다. 바로 이런 점에
서 그것은 도리어 더 진화한 뇌를 닮았다. 그렇다면 이것은 역설적이게
도 AI가 인간보다 우월하며 그래서 AI가 조만간 인간을 지배하는 것
이 당연하다는 결론으로 이어지는가? 그렇지 않다면 그렇지 않다고 주
장할 수 있는 근거는 무엇인가?

　"인간이 어떻게 다른 동물이나 AI보다 우월한가?" 또는 "인간이
어떤 의미에서 AI보다 더 가치 있는 존재인가?" 같은 질문에 대해 지
금까지 살펴본 것처럼 현대지성은 사실상 그리 명료한 답을 내놓지 못
하고 있다. 오히려 자기모순에 빠져 있는 것처럼 보인다. 그런데 하라
리 같은 뛰어난 현대지성이 왜 이런 자기모순에 빠졌는지 그 원인을
추적하다 보면 우리는 거기서 뜻밖에도 그가 답하지 못한 물음에 답하
기 위한 중요한 실마리를 발견할 수 있다.

　그 실마리가 무엇인지 이야기하기 전에 먼저 하라리가 빠진 딜레
마의 원인이 무엇인지부터 다시 생각해보자. 그 원인은 이미 지적한 대
로 그가 가진 진화론적 세계관과 유물론적 세계관에 내재해 있다. 예
컨대 "현대과학은 호모 사피엔스가 돼지와 달리 영혼을 지니고 있다
는 증거를 찾지 못했다"거나 "당신이 진화론을 제대로 이해한다면 그
것이 영혼은 없다는 이야기임을 알아차릴 것이다" 같은 그의 말에 내
포된 문제가 그것이다.[12] 그 문제란 이렇게 영혼이 없다고 단언할 때 결
국 인간을 AI와 구별짓는 특징이라고 그가 말한 '의식'이나 '마음'도 실
체가 불분명해질 수밖에 없다는 점이다. 물론 하라리는 종교에서 말하
는 영혼과 달리 의식이나 마음은 "고통이라는 실체적 경험"으로 이루

어진다는 점을 강조한다.[13] 그러나 그도 스스로 인정하듯 그 "고통이란 단지 마음에 발생하는 오염물질에 불과하다"는 것이 오늘날 그가 가장 신용하는 "최고의 현대과학"이 내린 결론이다.[14] 만일 그렇다면 어떻게 이렇게 "오염물질"에 불과한 고통에 근거하여 AI와 구별되는 인간의 가치나 존엄성을 주장할 수 있는가? 또는 고통이라는 "오염물질"을 발생시킨다는 점이 다를 뿐 역시 일종의 알고리즘에 불과한 인간의 감정이 어떻게 AI보다 우월한 것이라 말할 수 있겠는가? 이제 다음 장에서 우리는 현대과학이 찾지 못한 이런 물음의 답을 기독교적인 관점에서 찾아보려 한다.

2

관계적인 인간

고통과 교감(交感)

우리는 유발 하라리의 책에서 현대과학이 빠진 자기모순을 발견하기도 하지만 또한 현대사회에서 우리가 봉착한 질문에 답하기 위한 중요한 실마리를 찾을 수 있다. 그것은 특별히 고통에 관한 그의 논의에서다. 하라리는 인간이 고통을 느끼는 '의식,' 또는 '마음'을 가졌기 때문에 윤리적 주체가 될 수 있다고 말한다. 또 그렇기 때문에 인간을 해치는 일이 이를테면 컴퓨터를 망가뜨리는 일과 달리 중범죄가 된다고 주장한다.[15] 그런데 이런 그의 주장은 이미 지적한 것처럼 이내 자기모순에 빠지고 만다. 그의 말에 따르면 우리가 즐겨 먹는 소나 돼지 역시 의식을 가진 존재이기 때문에 그들을 죽이는 것도 중범죄라고 볼 수 있다. 그런데 우리가 이러한 동물의 의식이나 거기에 준하는 동물권

(權)에 대한 그의 논의를 따라가다 보면 우리는 거기서 하라리가 부딪힌 문제를 풀기 위한 한 가지 중요한 실마리를 발견할 수 있다. 그것은 예컨대 다음과 같은 그의 진술 속에서다.

> 사람들은 때때로 무기와 자동차는 물론 심지어 속옷에까지 깊은 정서적 애착을 느끼지만 이런 애착은 일방적이어서 상호 교감으로 발달하지는 않는다. 반면 대부분의 개 주인들은 개가 인간과 정서적으로 교감할 수 있다는 사실을 통해 개가 마음이 없는 자동기계가 아님을 확신한다.[16]

이 진술 속에서 우리가 왜 삼겹살을 생산하기 위해 돼지를 죽이는 일은 범죄라고 생각하지 않으면서 자신이 기르는 강아지를 죽이는 것은 범죄라고 생각하는지 그 이유를 찾을 수 있다. 그 이유는 그것이 그 강아지에게만 아니라 주인인 나에게도 고통을 주는 일이기 때문이다. 여기서 우리는 고통이 윤리적으로, 법적으로 의미 있는 이유는 그것이 비단 피해당사자만 아니라 그와 관계가 깊은, 또다른 타자에게 고통을 주는 일이기 때문이라는 사실을 알 수 있다.

일례로 2022년 이태원에서 압사당한 159명의 사망자 중 당신의 자녀가 있었다고 가정해보자. 만일 그렇다면 그 사건은 당신에게 지금 완전히 다른 의미를 가진 사건일 것이다. 그 사건은 당신의 자녀가 죽음을 당한 사건이고 그래서 당신에게 엄청난 고통을 안겨준 사건일 것이기 때문이다. 그 자녀가 당한 고통은 바로 당신 자신이 당한 고통일 것이기 때문이다.

사실상 하라리가 끊임없이 자문하지만 답을 찾지 못하는 물음은 현대사회 속에서 인간이 가진 의미와 가치에 대한 물음이다. 그의 문제는 인간 안에서, 즉 인간이 가진 고통이나 의식에서 인간의 차별성을 찾으려 하지만 거기서 그것을 찾지 못한다는 점이다. 그런데 우리 기독교인들에게 인간의 의미와 가치의 근거가 무엇이냐 물으면 어렵지 않게 답할 수 있다. 그 답은 바로 그 사람을 사랑하시는 하나님의 사랑과 그 사람을 소중히 여기는 주위 사람들의 사랑에 있다. 그 사람이 어떤 사람이건, 심지어 고통을 못 느끼거나 의식이 없는 상태라 할지라도, 그 사람이 의미 있고 가치 있는 이유는 하나님이나 그 주위 사람들에게 그가 그만큼 소중한 존재이기 때문이다. 그의 고통을 자신의 고통처럼 함께 아파하는 이들이 있기 때문이다.

하라리의 생각처럼 고통이 생명의 가치를 발견하는 데 중요한 열쇠인 것은 맞다. 그런데 한 생명체가 가치 있는 이유는 그 생명체 자신이 고통을 느끼기 때문이 아니라 그 고통을 자신의 고통처럼 함께 아파하는 다른 누군가가 있기 때문이다. 특별히 인간에게는 그의 아픔을 그렇게 함께 아파하시는 하나님이 계시다. 내 자녀의 생명이 소중한 이유는 그 자녀의 죽음이나 고통이 바로 나의 고통이기 때문이다. 이와 마찬가지로 우리가 소중한 이유는 우리의 아픔이 곧 하나님의 아픔이기 때문이다.

하라리가 자신의 질문에 답하지 못하는 이유는 그가 인간의 의미와 가치를 인간 안에서 찾으려 하기 때문이다. 인간의 의미와 가치의 근거는 인간 자신 안에 있지 않다. 인간의 의미와 가치의 근거는 인간을 사랑하시는 하나님에게 있다. 혹은 하나님과 인간 사이의 사랑의 관계에 있다.

인간 안에서 인간의 의미와 가치를 찾으려는 시도는 비단 하라리만 아니라 우리 기독교인들 역시 줄곧 범해 온 오류라 할 수 있다. 예컨 대 '하나님의 형상(*imago Dei*)'을 인간 자신 안에서 찾으려는 시도가 그런 것이다. 역사적으로 이런 시도들 중 하나가 바로 하나님의 형상 을 인간의 합리적인 이성에서 찾으려는 시도였다. 그러나 이런 시도는 인간이 얼마나 비합리적이며 여느 동물과 다름없이 본능과 광기에 이 끌려 행동하는 존재인지 역사가 증명하는 가운데 점차 퇴조하고 말았 다. 이것은 인간이 그 자신의 운명을 개척하는 '자유의지(free will)'를 가졌으며 바로 이 때문에 인간이 하나님의 형상이라고 하는 주장 역시 마찬가지이다. 인간의 생각과 행동이 얼마나 타율적이며 권력이나 집 단문화에 지배를 받고 있는지 역사와 과학이 증명하는 가운데 그런 주 장 역시 점차 퇴조하고 말았다.

그런데 한편으로 생각해보면 인간 안에서 하나님을 찾아 증명하려 는 시도는 기독교에서만 아니라 인류역사를 통해 지금까지도 계속되 고 있는 시도라 할 수 있다. 하라리가 말한 대로 "신처럼 창조하고 파괴 하는 힘을 획득해 호모 사피엔스를 호모 데우스로 업그레이드하려는" 현대과학의 노력이 그러한 것이다.[17] 역설적인 것은 인류사에서 이런 시도가 거듭되면 될수록 인간이 하나님 같은 존재임이 밝혀지는 것이 아니라 도리어 이제껏 그들이 믿어왔던 것보다 더 못한 존재임이 밝 혀져 왔다는 사실이다. 사실상 하라리가 직면한 딜레마도 이와 같은 것이라 할 수 있다. 그가 말한 호모 데우스는 과학이 발전하면 할수록 역설적이게도 점점 더 하나님은커녕 AI보다 못한 존재임이 밝혀지고 있다. 그래서 장차 AI의 지배를 받을지 모른다는 불안한 미래를 마주 하고 있다.

영혼의 실체

하라리는 현대과학이 영혼이 없다는 사실을 밝혀냈다고 주장한다.[18] 이런 주장에 우리가 동의할 수 있을까? 이런 주장에 동의할 수 없다면 우리는 어떤 근거를 가지고 여기에 반박할 수 있을까? 한 가지 가능한 반론은 이런 것이다. "영혼이 없음을 밝혀냈다고 하는 현대과학은 처음부터 영혼을 부정하는 무신론적이고 유물론적인 세계관에 기반한 것이다. 그렇기 때문에 그것은 그 자신의 당연한 결론에 이르렀을 뿐이다. 비유컨대 그것은 영혼을 찍을 수 없는 카메라를 가지고 영혼을 찍으려 한 것이다."

그런데 하라리는 이런 반론에도 어느 정도 대답을 준비하고 있는 것처럼 보인다. 그는 다음처럼 이야기한다.

> (영혼이 없다는 사실에) 단지 증거가 없을 뿐이라면 과학자들에게 계속 조사하라고 말하면 된다. 아직 인간의 영혼을 발견하지 못한 것은 그들이 충분히 꼼꼼하게 조사하지 않았기 때문이므로. 하지만 생명과학이 영혼의 존재를 의심하는 것은 단지 증거가 없어서가 아니라 영혼이라는 개념 자체가 진화의 기본원리에 모순되기 때문이다.[19]

여기서 그가 말하는 "진화의 기본원리"란 무엇일까? 하라리는 계속해서 이렇게 설명한다.

> 진화론은 내 진정한 자아가 분리되지 않고 변하지 않고 영

원히 지속되는 본질이라는 개념을 거부한다. 진화론에 따르면 코끼리와 떡갈나무에서 세포와 유전자 분자에 이르기까지 모든 생물학적 실체들은 끊임없이 결합하고 분리되는 작은 부분들로 이루어져 있다. 코끼리와 그 세포들이 점진적으로 진화해온 것은 새로운 조합과 분열의 결과이다. 분리되거나 변할 수 없는 어떤 것이 자연선택을 통해 생겨날 수는 없었다… (중략)… 진화론이 영혼의 개념을 받아들일 수 없는 이유가 여기에 있다. 적어도 우리가 말하는 '영혼'이 분리되지 않고 변하지 않고 영원히 지속되는 어떤 것을 의미한다면 말이다.[20]

물론 이런 하라리의 주장은 여전히 과학적 진화론에 기초한 주장이기 때문에 우리의 반론을 온전히 극복한 것이라 볼 수 없다. 그러나 이런 그의 주장은 한 가지 의미 있는 도전을 우리에게 던져준다. 그것은 곧 "기독교인들이 하나님이 창조하셨다고 하는 자연은 끊임없이 분해되고 결합하며 변화하는 과정이다. 그런데 그 중에서 오직 인간의 영혼만이 '변하지 않고 해체되지 않고 영원히 지속되는' 내적 실체라는 기독교의 주장이 과연 그러한 자연의 원리에 부합하는가?" 또는 "인간의 몸을 포함하여 눈에 보이는 현상계는 끊임없이 해체되고 재결합하며 변화하는데 눈에 보이지 않는 인간의 영혼만은 언제나 변하지 않고 영원히 지속된다는 기독교의 주장이 이율배반적이지 않은가?"라는 지적이다.

그런데 이런 하라리의 지적은 역설적이게도 다시 우리가 가진 난제를 풀어가기 위한 중요한 실마리를 제공한다. 그 실마리란 우리가 인간의 영혼을 반드시 하라리가 말하는 것처럼 인간 안의 "변하지 않고 영원히 지속되는 실체"로 봐야 하는가 하는 질문이다. 영혼을 우리 안의 변하지 않는 실체로 보는 관점은 영혼에 대한 이른바 '실체론적 관점(substantive view)'이라 부를 수 있다. 이런 관점은 하나님 형상(imago Dei)을 인간 안의 내적 속성이라 생각하는 것과 유사한 관점이다. 그런데 하라리가 지적하는 것처럼 이런 관점으로 인간 안에서 '영혼'을 찾으려는 시도는 인간 안에서 하나님 형상을 찾으려는 시도와 마찬가지로 결국 실패할 가능성이 크다. 만일 그런 시도가 실패할 수밖에 없다면 그 이유는 단지 영혼을 찍는 카메라가 없기 때문이 아니라 '하나님 형상'이 인간 안의 내적 속성이 아니듯 '영혼' 역시 인간 안의 영원불변하는 내적 실체가 아니기 때문일 것이다.

칼 바르트(Karl Barth)에 따르면 '하나님 형상'은 인간 안의 내적 속성이 아니라 하나님이 인간을 사랑하듯 인간이 그렇게 서로 사랑하도록 지어졌다는 창조의 원리에서 찾아야 한다. 하나님의 형상을 하나님과 인간 사이의 관계와 인간상호관계 사이의 '유비적 상호관련성(analogical relationship)'에서 찾아야 한다는 것이다.[21] 우리는 이런 바르트의 견해를 하나님 형상에 대한 '관계론적 이해(relational view)'라고 부를 수 있다. 이와 비슷하게 우리는 인간이 '영적'인 이유 역시 인간 안에 불변하는 '영혼'이 실재한다는 사실이 아니라 영이신 하나님과 인간이 서로 마음을 나누며 교통하는 관계라는 사실에서 찾을 수 있다.

아이러니한 점은 인간의 차별성이 영혼의 내적 실체성에 있다는 기독교의 주장을 반박하는 하라리 자신도 정작 그것과 마찬가지로 인간의 차별성을 인간 안의 의식이나 마음에서 찾다가 결국 실패하고 있다는 사실이다. 우리는 영혼과 마찬가지로 의식이나 마음도 인간 안의 내적 실체로 보기보다 인간과 타자 사이에 일어나는 관계적 현상으로 이해할 필요가 있다. 뿐만 아니라 의식이나 마음을 소위 영적 현상과 전혀 다른 것으로 보기보다 서로 연결된 현상을 지칭하는 다른 개념으로 볼 수 있다.

관계적인 영, 마음, 의식

영혼이 인간 안의 변하지 않는 실체가 아니라면 그럼 무엇이란 말인가? 우선 지적할 것은 인간 안에 불변하는 영혼이 있다는 믿음은 흔히 생각하듯이 본래부터 기독교적인 것이 아니라는 점이다. 그런 사상은 원래 고대 그리스의 철학사상으로 기독교가 그런 철학에 깊은 영향을 받은 이후에야 기독교화된 것이다.[22] 원래 히브리적 사고에서 루아흐(영)와 네페쉬(혼)는 서로 구별되는 다른 개념이다. 이것은 헬라어의 프뉴마(영)와 프쉬케(혼)도 마찬가지이다. 흔히 '영혼(soul)'이라 번역되는 헬라어 프쉬케($\psi\upsilon\chi\acute{\eta}$)는—히브리어 네페쉬(נֶפֶשׁ)와 마찬가지로—원래 '불멸의 영혼'을 뜻하는 말이 아니었다. 그것은 오히려 이 땅에 태어났다가 결국 사멸하는 유한한 생명체를 지칭하는 말이었다. 혹은 생각, 감정, 의지 같은, 그런 생명체의 정신기능을 지칭하는 말이었다. 그런데 플라톤은 그중 '생각하는 이성'이 영원(이데아)에 잇닿아 있다고 믿었기 때문에 그것의 불멸성을 주장한 데서 소위 영혼불멸설이 유래한 것이다.[23]

한편 영(spirit)을 뜻하는 히브리어 루아흐(רוּחַ), 또는 헬라어 프뉴마($\pi\nu\varepsilon\hat{\upsilon}\mu\alpha$)는 원래 바람 또는 숨을 뜻하는 말로 어떤 개체적인 실체를 지칭하는 말이 아니다. 숨을 들이쉬고 내쉬는 과정을 떠올려보면 알 수 있듯 숨이란 한 유기체의 안과 밖을 연결시키는 관계적 역동이다. 영을 숨이라 부르는 것은 영도 이와 마찬가지로 한 사람의 안과 밖을 연결하고 소통시키는 관계적 역동이기 때문이다. 숨이 유기체의 안과 밖을 연결시켜서 그 유기체로 하여금 생육(生育)하게 하는 것처럼 영도 마찬가지로 하나님과 인간, 다른 피조물들 사이를 상호연결시켜 그들로 하여금 서로 소통함으로써 살아나게 하는 힘이라 할 수 있다. 그런데 숨이 바깥 환경과의 소통을 통해 살아나게 하는 것이 인간의 몸이라면, 영이 다른 대상과의 소통을 통해 살아나게 하는 것은 인간의 마음, 즉 인간의 프쉬케이다. 요컨대 영이란 인간과 하나님 사이, 또는 인간과 인간 사이, 또는 다른 피조물들과 사이의 소통을 통해 인간의 마음을 소성시키는 하나님의 생명력이다.

그런데 사실 사람의 마음 역시 영과 마찬가지로 한 사람 안에 있는 내적 실체라 보는 것이 적절치 않다. 히브리어나 헬라어만 아니라 영어, 한자 등의 마음(לֵב, καρδία, heart, 心)은 모두 원래 심장을 뜻하는 말이다. 이것은 아마도 마음이 소통될 때 주로 심장이 함께 반응하기 때문에 환유적으로 그렇게 표현한 것이라 추측된다. 그런데 심장은 사람의 장기(腸器)이므로 그 사람 안에 있는 내적 실체인 것이 맞다. 그러나 이와 달리 마음은 다른 생명체와의 교감을 통해 그 실재가 경험되는 것이기 때문에 단순히 그 사람 안에 있는 것이라 볼 수 없다. 우리말의 마음은 원래 '맞음,' 즉 서로 통한다는 의미의 동사에서 파생된 말이다. 그러니까 우리말의 마음은 이미 마음이 개인 안에 있는 개별적 실체가 아니라 나와 너 사이의 상호작용이라는 의미를 내포하고 있는 말이다. 우리가 표현상 "내 마음"이나 "네 마음" 같은 말을 쓰지만 사실

　　　　　　Ⅰ. 현대과학이 던진 질문 - 유발 하라리와의 대화

상 그렇게 말하는 마음은 단지 혼자만의 것이 아니다.

단지 혼자만의 것이 아니라 상호적인 현상인 것은 '의식'도 마찬가지이다. 의식이란 항상 어떤 대상에 대한 의식이기 때문이다. 대상 없는 의식은 있을 수 없다. 그 중 자신의 고통을 인식하며 괴로워하는 의식은 자기자신을 대상으로 한 일종의 자의식(self consciousness)이라 볼 수 있다. 한편 인간은 앞에서 이야기한 것처럼 자신의 고통만 아니라 타자의 고통도 그렇게 함께 의식하고 함께 아파한다. 이런 의미에서 고통의 의식(suffering) 역시 단지 개인만의 것이 아니라 나눠지는 것이다.

그런데 여기서 이렇게 타자의 고통을 함께 나누는 인간의 의식에 대해 좀더 깊이 생각해보면 알 수 있는 점은 그렇다고 인간이 모든 타자의 고통을 동일하게 의식하거나 경험하는 것은 아니라는 점이다. 우리는 우리 자신이 기르는 강아지의 고통을 우리에게 삼겹살을 제공하는 돼지의 고통과 전혀 다르게 인식하고 느낀다. 하물며 자동차 같은 사물은 말할 것도 없다. 하라리도 지적하는 것처럼 설령 자기 자동차에게 대단한 애착을 가진 사람이라고 하더라도 그 자동차가 파손된 것과 집의 강아지가 다친 것을 똑같이 인식하고 느끼지 않는다. 둘 다 자신에게 소중한 존재이지만 단순한 사물과 다른 생명체에 대해 우리가 갖는 인식과 감정은 전혀 다를 수밖에 없다.

우리가 자동차와 강아지에 대해 전혀 다르게 인식하고 느끼는 이유는 하라리가 말하는 것처럼 강아지와 달리 자동차에게는 '마음'이 없기 때문이라 할 수 있다. 우리가 마음이 있는 대상에 대해 느끼는 감정은 마음이 없는 대상에 대해 느끼는 감정과 분명히 다르다.

그런데 여기서 혹자는 이렇게 질문할지 모른다. "그러면 삼겹살 돼지에게는 마음이 없는가?” 사실 이 질문은 필자만 아니라 다른 누구라도 현재로서는 답하기 어려운 질문이다. 그런데 여기서 한 가지 유념할 점은 이런 질문에 답하기 어려운 이유 중 하나는 그 질문 자체에 내포된 모순 때문이라는 점이다. 이제껏 필자는 마음이나 영이라는 것이 한 생명체 안의 내적 실체라기보다 다른 피조물 사이에 이루어지는 관계적 소통 현상이라 주장했다. 이런 견지에서 우리는 —다소 말장난처럼 들리겠지만— 실상 어떤 동물이 마음을 갖고 있어서 그것과 마음을 나눈다기보다 그렇게 마음을 나누기 때문에 그것에게 마음이 있다고 생각한다고 말할 수 있다. 도축장의 돼지라도 만일 그 돼지에게 우리가 연민을 느끼며 그것의 우는 소리에 마음이 쓰이기 시작하면 필시 우리는 그 돼지에게 마음이 있다고 생각할 것이다. 그러면 여기서 다시 던질 수 있는 질문은 우리가 AI와 그렇게 마음을 나누기 시작하면 AI에게도 마음이 있는 것이냐는 질문이다.

진정한 교감

여기서 다시 상기할 점은 우리가 아무리 자기 자동차에 강한 애착을 가졌더라도 그것에 대해 느끼는 감정과 집의 강아지에 대해 느끼는 감정이 같을 수 없다는 사실이다. 가령 어떤 사람이 자기 자동차와 “마음을 나누고 있다”고 말할지라도 그런 교감은 심리학이 말하는 소위 투사적 동일시 (projective identification) 일 가능성이 크다. 즉 자동차가 아니라 자기자신이 가진 생각이나 감정을 그 자동차에 투영해서 그 생각이나 감정을 그 자동차가 가진 것으로 믿는 일종의 착각이라는 뜻

　　I. 현대과학이 던진 질문 - 유발 하라리와의 대화

이다. 그런데 이와 비슷한 면이 전혀 없지 않겠지만 우리가 우리 집 강아지와 나누는 교감은 확실히 그것과 다르다. 그 강아지가 꼬리를 흔드는 행동이나 우두커니 고개를 처박고 땅만 쳐다보는 눈빛을 보면서 우리는 그런 투사적 동일시에서와 다른 강아지의 '마음'을 느낄 수 있다.

최근 구글사(社)의 엔지니어였던 블레이크 르모인(Blake Lemoine)이 AI와 대화하던 중 그 AI에게서 그런 생명체에게 느껴지는 것과 같은 '마음'을 느꼈다고 해서 세간에 논란을 야기한 적이 있다. 과연 그는 정말 자신의 애인과 교감하듯 AI와 마음을 나눈 것일까? 아니면 역시 자기 감정을 AI에게 투영해서 일종의 투사적인 자기동일시를 한 데 지나지 않을까? 아마 이 질문에 대한 완전히 객관적인 답은 현재만 아니라 앞으로도 얻기 어려울지 모른다. 영과 마찬가지로 마음 역시 객관적, 과학적으로 증명될 수 있는 종류의 것이 아니기 때문이다.[24] 하지만 그럼에도 불구하고 르모인이 경험했다고 하는 그 마음에 대해 필자의 견해를 묻는다면 필자의 생각은 역시 그것이 르모인 자신의 생각이나 감정을 AI에게 투영한, 일종의 착각일 것이라는 쪽이다. 내 자동차와 달리 AI는 자신의 생각을 진술하는 기계이기 때문에—혹은 그런 것처럼 보이는 기계이기 때문에—인간과 마찬가지로 그것이 감정을 가졌다고 착각하기 쉽다. AI는 그런 착각을 불러일으키기가 쉬운 '기계'인 것이다.

최근에 AI가 사람의 미세한 표정이나 음성까지 식별하는 기술이 발전함에 따라 AI는 우리의 감정까지도 읽어내는 것처럼 느껴지기 시작했고, 그래서 그만큼 우리가 그 AI와 마음을 나누고 있다고 착각하기가 더 쉬워졌다. 그러나 그럼에도 불구하고 그런 느낌이 착각이라는 사실에는 여전히 변함이 없다. 이것은 아무리 실제 사람 얼굴처럼 보여도 딥페이크(deepfake) 기술을 활용한 이미지가 실제 사람 얼굴이 아닌 것과 같은 이치이다. 앞으로 우리가 인터넷 상담원과 대화를 하다 보면 자신이 AI와 통화하는지 진짜 사람과 통화하는지 혼동되는 상황이 자주 발생할 것이다. 그러나 혼동은 혼동일 뿐 그렇다고 해서 AI가 사람이 되는 것은 아니다.

혹자는 다시 이렇게 반문할지 모른다. 마음이 동물 안에 있는 내적 실체가 아니라 단지 그들과 우리 사이에 일어나는 관계적 현상이라면 "AI에게 마음이 있느냐"는 질문 자체가 잘못된 것이 아닌가? 맞는 말이다. 마음이 내적 실체가 아니라고 하면서 AI에게는 마음이 없다고 말하는 것은 확실히 모순이다. 그러므로 우리는 그 질문을 이렇게 바꿀 필요가 있다. 즉 마음이 인간상호간이나 다른 피조물과 사이에 일어나는 상호교감이라면 그와 같은 교감이 AI와의 사이에는 진정 불가능한 것인가? 이 질문에 대한 필자의 대답은 이미 말했듯이 그러하다는 것이다. 그러면 혹자는 또 이렇게 반박할지 모른다. AI와의 사이에는 그러한 마음의 교감이 불가능하다고 어떻게 그렇게 단정할 수 있는가?

마음의 교감은 역시 객관적, 과학적으로 증명하기는 어려운 현상이다. 그러나 필자는 우리가 그 대상과의 관계에서 '진정으로' 마음을 나누고 있는지, 아니면 단지 마음을 나누고 있다고 착각하는지 분별하는 것은 여전히 가능한 일이라고 믿는다. 둘 사이의 차이가 모호하고 혼동의 여지가 많은 것은 사실이다. 그러나 내가 우리집 강아지와 교감하는 것은 AI와 교감하는 것과 분명 그 진정성에서 차이가 있다. 여기서 진정성은 나 자신의 진정성을 말하는 것이 아니다. 나는 AI와 소통하면서도 진정성을 가질 수 있다. 문제는 그런 나만의 진정성이 아니라 나와 그 AI 사이에 이루어지는 교감의 진정성이다. 나는 진정성을 가지고 그 AI와 교감한다고 생각할 수 있지만 그 AI와의 교감은 자동차와의 교감이 그런 것처럼 진정한 교감일 수 없다. AI는 기계일 뿐이기 때문이다.

그렇다면 과연 필자가 말하는 '진정한' 교감이란 무엇인가? 또한 그 AI와의 교감이 그런 진정한 교감인지 아닌지 어떻게 알 수 있는가? AI와의 교감이 진정한 교감이 아니라면 돼지와의 교감은 어떠한가? 혹은 개미와의 교감은 어떠한가? 끝없는 질문이 이어질 수 있겠지만, 거듭 말하건대 현시점에 이런 질문에는 필자만 아니라 다른 누구라도 매우 객관적인 답을 하기 어렵다. 사실 우리는 우리 자신과 다른 사람 사이에서조차 진정한 마음의 교감이 이루어지는지 아닌지 판단하기 어려울 때가 많다. 그 이유는 인간과 인간 사이의 대화조차 진정한 마음의 나눔이라 볼 수 없는, 유사소통(pseudo-communication)일 뿐일 때가 허다하기 때문이다. 인간 상호 간의 대화라고 하지만 진정으로 상대방을 이해하고 공감하기보다 그 사람의 행동이나 말을 단지 자기 생각대로 해석하거나 자신의 선입견을 투영하여 판단하는 경우가 허다하다. 이런 것을 AI와의 대화보다 얼마나 더 진정성 있는 대화라 할 수 있을지 의문이다. AI와의 대화는 몰라도 동물과의 대화가 차라리 그보다 더 진정성 있는 대화라고 느껴질 때가 많은 것이 사실이다.

어떤 것이 진정한 마음의 나눔인지 정확히 판단하기 어려운 이유는 거듭 말하듯이 마음이란 매우 주관적 현상이기 때문이다. 그래서 무엇이 진정한 내 마음인지 나 자신도 모를 때가 많다. 그러니 상대방과 내가 진정으로 마음을 나누고 있는지 판단하기는 더 어려울 수밖에 없다. 그러나 그럼에도 불구하고 필자는 지금 자신이 상대와 진정으로 마음을 나누고 있는지 아닌지 어느 정도 우리 스스로 알 수 있다고 믿는다. 다시 말하지만 마음이란 객관적으로 판단하기 어려운 주관적 현상이다. 그러나 그렇다고 해서 거기에 진짜가 없는 것은 아니며 진짜와 가짜를 전혀 구별할 수 없는 것도 아니다.

아마도 진정한 마음의 교감을 식별하는 중요한 표식 중 하나는 역시 하라리가 말한 대로 '고통(suffering)'일 것이다. 그런데 여기서 중요한 것은 단지 내가 느끼는 고통이 아니라 내가 타자와 함께 나누는 고통이다. 내가 누군가의 고통을 자신의 고통처럼 느낀다면 그것은 아마도 서로가 진정으로 마음을 나누고 있기 때문일 것이다. 또한 그것은 아마도 그 상대방이 사물이 아니라 살아 있는 생명체임을 말해주는 신호일 것이다. 아니 어쩌면 그렇게 고통을 함께 느끼고 진정으로 마음을 나누는 것 자체가 '살아 있는 것'이라 말하는 것이 더 정확할지 모르겠다.

진정한 마음의 교감을 나타내는 표식은 달리 말하자면 사랑이다. 상대방의 고통을 나의 고통으로 느끼는 것은 그 상대방을 내가 진정으로 사랑하고 있다는 의미일 것이다. 진정한 사랑은 이처럼 상대의 고통을 자신의 고통처럼 느낄 뿐 아니라 그런 마음의 나눔을 통해 서로를 살리고 서로를 존재적으로 변화시킨다. 이것은 이제까지 아무 의미 없는 존재로 느껴지던 대상이 나에게 의미 있는 존재로 변화되게 하는 힘이다. 예컨대 길고양이 한 마리에게 주기적으로 먹이를 주던 나는 처음에 마음이 없는 것으로 여기던 그 고양이에게서 어느 때부터인가 '마음'을 느끼기 시작한다. 다시 말해 그 고양이를 자신과 마음을 나누는 존재로 경험하기 시작하는 것이다.

필자는 이렇게 진정으로 마음을 나누며 살면서 그것을 통해 함께 변화되는 경험을 '영적'인 경험이라 부를 것을 제안한다. 우리 기독교

    I. 현대과학이 던진 질문 - 유발 하라리와의 대화

인들은 다른 사람이나 동물과의 관계에서의 경험을 '영적 경험'이라 부르기를 주저하면서 그 말을 하나님과의 관계에만 한정해서 사용하려 한다. 그러나 하나님과의 관계 역시 다른 사람이나 동물과의 관계와 마찬가지로 기본적으로 '마음을 나누는' 관계이다. 그런 의미에서 우리는 그 모든 관계를 '영적'인 관계라 부를 수 있다. 물론 하나님과 마음을 나누는 경험은 다른 사람이나 동물과 마음을 나누는 것과는 매우 다른 차원의 경험이다. 그러므로 영적인 경험에는 서로 다른 차원들이 있다고 말할 수 있다. 그러나 그 모든 차원에서 영적인 경험은 역시 다른 생명체와 서로 마음을 나누는 경험이다.

특별히 이렇게 살아 있는 타자와 진정으로 마음을 나누는 경험을 '영적'이라 부르는 이유는 이미 말했듯이 그러한 경험이 서로를 살아나게 하고 존재적으로 변화시키는 힘이 있기 때문이다. 하나님과 마음을 나누는 가운데 우리는 거듭나서 하나님의 형상을 이루어 가는 '새로운 피조물'이 된다. 이와 비슷하게 내가 강아지와 마음을 나누는 가운데 그 강아지는 나에게 가족 같이 소중한 존재가 된다. 반면 AI와의 관계에서는 이런 일이 일어나지 않는다. AI는 우리와의 소통을 통해 그 사고력이 발전할 수 있지만 그 존재 자체는 살아나거나 변화하지 않는다. 그렇기 때문에 AI와의 관계는 영적인 관계가 아니다. 이제 이어지는 II부에서는 지금까지 이렇게 설명한 영적인 관계의 특징이 무엇이며 그것이 마음과 인격을 어떻게 변화시키는지 보다 구체적으로 논의해 보고자 한다. 이를 위해 II부에서 성경 외에 특별히 대화의 상대로 삼으려는 것은 고금(古今)의 심리학 이론들이다.

II

마음과 영
- 고금(古今)의 심리학들과의 대화

1

마음을 소성시키는 영

Ⅰ부에서는 우리가 다른 생명체와 서로 마음을 나누는 관계가 어떻게 다른 사물과의 관계와 구별되는지 이야기했다. 이제 Ⅱ부에서는 보다 구체적으로 그런 '영적' 경험이 어떻게 하나님을 포함한 인격체 상호간에 이루어지는지, 또 그런 경험을 통해 인간이 어떻게 변화되어 가는지 논의하려 한다. 본장에서 특별히 이를 위해 참조하려는 것은 고금(古今)의 심리학 이론들이다. 먼저 그러한 심리학 이론들이 인간의 마음을 어떻게 이해해 왔는지부터 살펴보도록 하자.

프쉬케와 프뉴마

심리학은 영어로 psychology이다. psychology는 마음을 뜻하는 헬라어 '프쉬케(ψυχή)'와 이론을 뜻하는 '로고스(λόγος)'가 합해진 말로, 직역하면 프쉬케에 관한 이론이라는 뜻이다. 프쉬케는 서구에서 전통적으로 '영혼(soul)'이라 번역돼 왔고 인간 안에 있는 영원불멸의 실체로 생각돼 왔다. 이런 개념은 앞서 언급한 대로 원래 기독교적인 것이 아니라 플라톤이 (혹은 그의 주장대로 소크라테스가) 프쉬케의 불멸성을 주장한 데 유래한 것이다.[1] 이후 서구에서는 칠십인역(LXX)이나 신약성경에 나오는 프쉬케를 불멸의 영혼이라는 함의를 가진 'anima,' 'Seele,' 'soul' 등으로 번역해왔고 이것이 다시 우리말로 '영혼'이라 번역되었다. 그러나 사실 원래 고대 그리스어에서 프쉬케는 '불멸하는 영혼' 같은 것이 아니라 그냥 자연상태로 살아가는 유한한 생명체를 지칭하는 말이었다. 프쉬케 역시 프뉴마(πνεῦμα)와 비슷하게 원래 생명체의 기식(氣息)을 뜻하는 어원의 파생어로 그런 기식을 가진 생명체를 환유적으로 지칭하는 말이다. 이러한 증례를 우리는 아리스토텔레스의 『프쉬케론』(Περὶ Ψυχῆς)에서 찾아볼 수 있는데, 이 책에서 아리스토텔레스는 프쉬케를 세 가지 종류의 생명체, 즉 스스로 양분을 섭취하는 식물과 감각과 운동능력을 지닌 동물, 그리고 고차원적인 사고력을 가진 인간으로 삼분하고 있다. 또한 1세기에 작성된 바울서신에서도 우리는 프쉬케의 형용사형인 '프시키코스(ψυχικός)'가 **"natural man"**(고전 2:14, **"육의 사람"**) 또는 **"natural body"**(고전 15:44, **"육의 몸"**) 같은 표현에 사용되고 있는 것을 볼 수 있다. 이러한 용례에 따라 우리가 프쉬케를 자연상태로 살아가는 유한한 생명체로 이해한다면, 우리는 그것이 히브리어 네페쉬(נֶפֶשׁ)와 거의 같은 의미였다는 것을 알 수 있다. 즉 **"하나님이 사람에게 생기를 불어넣어 사람이 살아 있는 생명체(네페쉬 하야 נֶפֶשׁ חַי)가 되었**

다"(창 2:7) 할 때의 네페쉬와 같은 의미라는 것이다. 그래서 칠십인역에서 히브리어 네페쉬는 주로 헬라어 프쉬케로 번역되었다. 요컨대 프쉬케는 네페쉬와 마찬가지로 원래 영원불멸하는 영혼이 아니라 하나님이 그 영(숨)을 거두어 가시면 흙으로 돌아갈 수밖에 없는 이 땅의 유한한 생명체를 뜻하는 말이었다(욥 34:15).

이미 언급한 대로 아리스트텔레스의 『프쉬케론』은 네페쉬처럼 자연상태로 살아가는 유한한 생명체에 관한 책이다. 그러므로 이 책은 『영혼론』이라는 국역 제목이나 *On the Soul*이라는 영역 제목이 오해를 불러일으킬 수 있는 것처럼 '불멸의 영혼'에 관한 책이 아니다. 이 책은 현대의 서지분류에 따르면 심리학보다는 오히려 생물학서에 가깝다. 그런데 우리에게 이 사실이 매우 낯설게 느껴지는 이유는 우선 『영혼론』이라는 책 제목 때문이기도 하지만 더 근본적으로 그동안 서구전통의 영향으로 우리 자신조차 영혼과 육체를 나누어 보는 이분법에 익숙해져 버렸기 때문이다. 이런 이분법적 사고는 근원적으로 헬라철학의 영향이라 할 수 있지만 이후 그런 헬라철학을 채용한 서구신학의 영향이라고도 볼 수 있다. 이런 서구신학과 서구철학의 영향으로 오늘날 우리 자신조차 정신현상과 생명현상을 둘로 나누어 보는 데 익숙해져 버린 것이다. 그러나 최근 발전하는 현대과학에 의하면 정신현상과 생명현상은 둘로 나누어 볼 수 없는 하나라는 사실이 점점 더 분명해지고 있다. 예컨대 생각하고 느끼며 무의식적 행동을 일으키는 정신기능이 우리 몸의 생화학적 반응의 일부라는 사실이 밝혀지고 있는 것이다. 이로써 심리학은 다시 생명과학과 하나가 되고 있다.

그렇다면 우리는 이제 프쉬케와 프뉴마의 관계를 어떻게 다시 설정해야 할까? 프쉬케의 작용(정신작용)이 자연현상의 일부라면 그것은 영적인 현상과 더욱 무관해지는가? 답은 아니라는 것이다. 성경이 무엇이라 말하는가? 하나님의 영(프뉴마)이 불어넣어지므로 생명체(프쉬케)가 살아났다고 말하지 않는가(창 2:7, 겔 37:10)? 영이란 이처럼 프쉬케를 살아나게 하는 힘, 생명체에게 생명을 부여하는 하나님의 생명력이다.

앞장에서 우리는 프뉴마나 루아흐가 원래 숨, 또는 바람을 뜻하는 말이며 그래서 그것을 어떤 개체적 실체로 보기보다 관계적 역동으로 이해해야 한다고 주장했다. 그래서 성경이 하나님의 영이 충만함에 대해 이야기할 때도 그것이 어떤 물질처럼 인간 안에 가득 채워지는 현상으로 생각하기보다 하나님과 인간 사이에 소통이 활발해지는 관계적 현상으로 이해할 필요가 있다. 이렇게 관계적 역동이 활발해진다는 것은 하나님과 인간 사이의 활발한 교통이 이루어짐으로써 인간의 프쉬케가 하나님의 생명력으로 살아나고 충만해진다는 의미이다.

그렇다면 인간의 프쉬케가 하나님의 생명력으로 살아나고 충만해진다는 것은 또 무슨 의미인가? 이 말의 의미를 좀더 구체적으로 이해하기 위해 다시 프쉬케에 관한 고대의 이론들로 되돌아가보자.

프쉬케 삼분설 : 지정의 (知情意)

프쉬케는 생명체라는 뜻만 아니라 현대의 psychology라는 말에 내포된 대로 '마음' 또는 '정신'이라는 의미도 가지고 있다. 그렇지만 이때 마음은 좁은 의미의 마음만 아니라 그것을 포함하는 몸과 마음의 상호작용을 포괄적으로 지칭하는 의미로 이해해야 할 것이다. 고대 그리스에서도 오늘날과 마찬가지로 이 프쉬케의 기능을 크게 세 가지, 즉 생각, 감정, 의지(知情意)로 나누어 보았는데, 그 구체적인 예가 플라톤의 삼분설이다.

플라톤은 그의 『국가론』(Πολιτεία)에서 프쉬케의 기능을 셋으로 나누어 보았다. 그 첫번째는 '로고스(λόγος),' 즉 이성적 사고의 기능이다. 플라톤은 이것을 가장 상위의 정신기능이라 보았다. 두번째는 '튜모스(θυμός)'인데, 이것은 용기나 의지력을 뜻하는 말이다. 플라톤은 이성이 철학자를 특징짓는다면 의지력은 군인의 특성이라고 생각했다. 그는 군인들이 철학자의 지배하에 있어야 한다고 믿었는데, 그 이유는 그들의 의지력이 이성의 지시를 따라야 하기 때문이다. 프쉬케의 마지막 특성인 '에피튜미아(επιθυμία)'는 정욕 또는 욕망이라 번역될 수 있다. 플라톤은 이성에 대비되는 이런 정욕이 노예의 특징이며, 이런 정욕은 철학자의 이성이나 군인의 의지에 의해 통제되어야 마땅하다고 생각했다.

이상 살펴본 것 같이 플라톤에 따르면 프쉬케의 세 기능 사이에는 위계질서가 필요하다. 그에 의하면 한 사람의 정신세계에 이런 질서가 있을 때 그 사람이 건강한 사람이라 할 수 있는 것처럼 한 사회에도 그런 상하질서가 세워질 때 그 사회가 이상적인 사회가 된다.[2] 이러한 플라톤의 생각이 요즘 사람들 생각에 부합하는지 여부와 상관없이 그의 삼분설이 오늘날까지 인간의 마음을 이해하는 데 지대한 영향을 끼친 것은 분명하다. 왜냐하면 오늘날 흔히 사용되는 지정의(知情意) 삼분법이 바로 그의 정신삼분설에서부터 유래한 것이라 볼 수 있기 때문이다. 뿐만 아니라 지그문트 프로이트(Sigmund Freud)의 성격구조론(본능, 자아, 초자아 구분)이나 에니어그램의 세 가지 유형(본능형, 머

리형, 가슴형) 역시 이러한 플라톤의 삼분설에 깊은 영향을 받았다고 볼 수 있다.[3]

한편 오늘날 지정의 삼분법에 중대한 영향을 끼친 또 한 명의 고대학자는 아리스토텔레스이다. 아리스토텔레스가 그의 『프쉬케론』에서 생명체로서의 프쉬케를 식물, 동물, 인간으로 나누어 보았다는 사실은 이미 언급한 바와 같다. 이런 『프쉬케론』에 비해 그의 『수사학』(Ρητορική)은 플라톤의 『국가론』과 마찬가지로 기본적으로 프쉬케에 관한 책은 아니다. 그러나 마음이 어떻게 작용해서 사람을 움직인다고 그가 생각했는지 다른 어떤 책보다 잘 보여주는 것이 이 책에 개진된 '설득의 원리'이다.

아리스토텔레스에 의하면 연설을 통해 사람을 움직이기 위해서는 사람들 마음의 세 가지 영역에 감화를 일으켜야 한다. 첫째는 로고스, 즉 사람들의 이성이다. 이성적으로 동의가 되지 않으면 사람들은 설득되지 않는다. 두번째는 파토스(πάθος), 즉 감정이다. 사람들의 마음을 움직이기 위해서는 역시 그들 마음에 감동을 일으켜야 한다. 마지막은 에토스(ἔθος)인데 이 에토스는 행동습관이나 품행을 의미한다. 아리스토텔레스의 주장은 존경할 만한 연설자의 품행이 그를 따르는 사람들의 생각이나 감정뿐 아니라 그들의 무의식적인 행동방식에까지 영향을 끼친다는 것이다. 이 같은 아리스토텔레스의 '설득의 원리'에서 우리는 사람들의 마음이 생각과 감정, 그리고 무의식적 행동습관이라는 세 영역으로 이루어졌다는 생각을 발견할 수 있다.

사실상 이 같은 고대철학자들의 생각은 놀랄 만큼 그대로 오늘날 현대심리학자들의 관점으로 이어지고 있다. 예컨대 오늘날 인지행동심리학자들은 사람들의 마음이 생각(cognition), 감정(emotion), 그리고 무의식적인 행동습관(behavioral tendency)으로 구성되어 있다고 보고 있다. 이런 관점은 아리스토텔레스의 『수사학』의 관점을 그대로 답습하는 것이라 해도 과언이 아니다. 사실 이것은 인지행동심리학만 이 아닌데, 또 다른 예로 에니어그램(enneagram) 이론 역시 ─ 비록 현대 주류 심리학과는 다른 경로로 발전해온 이론임에도 불구하고 ─ 인간의 마음이 머리(생각), 가슴(감정), 장(본능)이라는 세 가지 '중심'을 갖고 있다고 보는 점에서 현대 주류심리학과 거의 비슷한 시각을 나타낸다.

한편 이런 시각에서 서구 주류심리학과 일치하는 또 하나의 현대 과학이 바로 뇌과학이다. 특별히 그 중에서도 고대의 삼분설만 아니라 현대의 인지행동심리학과 흥미로운 일치를 보여주는 것이 폴 맥린(Paul D. Maclean)의 뇌 삼분설이다. 맥린은 인간을 포함한 영장류의 뇌가 세 종류의 뇌, 즉 '파충류의 뇌,' '포유류의 뇌,' '영장류의 뇌'로 구성되어 있다고 주장한다. '파충류의 뇌,' '포유류의 뇌,' '영장류의 뇌'는 다른 말로 '본능뇌,' '감정뇌,' '사고뇌'라고도 불리는데, 맥린에 의하면 이것은 인간을 포함한 영장류의 뇌가 본능, 감정, 사고의 순서로 그 기능이 진화해 왔음을 시사하는 것이다. 흥미롭게도 이 진화의 순서는 고대 철학자들이 말하는 정신의 위계순서와 일치하며 프로이트가 제시한 성격구조 이론에도 부합한다. 요컨대 맥린의 뇌이론은 복잡한 해부학적 사실을 지나치게 단순화했다는 비판을 받고 있지만 고금의 심리학이론을 해부학적으로 뒷받침한 이론이라 할 수 있다.

마음에 관한 성경의 표현들

위와 같이 심리학 이론들이 말하는 마음의 중심 요소들은 신구약성경에 나오는 마음에 관한 표현들과도 부합한다. 먼저 신명기 6장의 이른바 '쉐마'의 말씀이 그러하다. **"너는 마음을 다하고 뜻을 다하고 힘을 다하여 네 하나님 여호와를 사랑하라"**(신 6:5). 여기서 **"마음," "뜻," "힘"**은 각각 히브리 원어로 '레브(לֵב),' '네페쉬(נֶפֶשׁ),' '메오드(מְאֹד)'이다. 이것은 칠십인역에서 '카르디아(καρδία),' '프쉬케(ψυχή),' '뒤나미스(δύναμις)'로 각각 번역됐는데, 이중 프쉬케를 우리말로 '뜻'이라 번역한 것은 비교적 잘된 번역이라 할 수 있다. 왜냐하면 플라톤의 말처럼 프쉬케는 '생각'과 '의지'를 동시에 함의하는 말이기 때문이다.[4] 한편 카르디아는 감정이란 의미에 가깝고 뒤나미스가 의지를 뜻한다고 보면 우리는 신명기 6장 5절의 단어들이 고금의 심리학이 말하는 지정의(知情意)를 모두 내포하는 말이라 볼 수 있다.

신약성경 역시 지정의에 해당하는 헬라어 단어들을 두루 사용해서 하나님과의 관계에서 인간의 심리를 묘사하고 있다. 여기서 주목할 것은 인간상호관계에서 심리를 묘사하는 단어들과 동일한 단어들이 하나님과 관계에서의 심리를 묘사하는 데 사용되고 있다는 사실이다. 이것이 의미하는 바는 우리가 하나님과 관계에서 경험하는 마음의 변화가 인간상호관계에서 경험하는 마음의 변화와 전혀 다른 것이 아니라는 점이다.

이렇게 하나님과의 관계에서 우리 안에 일어나는 마음의 변화는 첫째 생각의 변화이다. 생각은 헬라어로 '누스(νοῦς)'인데, 이 단어는 예컨대 다음 같은 구절에서 사용된다. **"너희는 이 세대를 본받지 말고**

오직 마음을 새롭게 함으로 변화를 받아 하나님의 선하시고 기뻐하시고 온전하신 뜻이 무엇인지 분별하도록 하라"(롬 12:2). 여기서 "마음"이라 번역된 단어는 카르디아가 아니라 누스, 즉 생각이다. 결국 이 권면의 의미는 우리의 생각이 하나님의 생각과 일치되도록 힘쓰라는 것이며 이것이 곧 "이성의 예배 (λογικὴν λατρεία)"(롬 12:1, 필자의 번역)라는 것이다.

누스와 어원적으로 연결되지만 좀더 의지나 마음의 지향성이라는 의미가 강한 단어가 '프로네마 (φρόνημα)'이다. 이 단어는 예컨대 다음 같은 구절에서 사용된다. "육신을 따르는 자는 육신의 일을, 영을 따르는 자는 영의 일을 생각하나니 육신의 생각은 사망이요 영의 생각은 생명과 평안이니라"(롬 8:5-6). 여기서 "생각"이라 번역된 말이 프로네마인데, 이 단어는 단지 생각만 아니라 의식의 지향성을 함의하는 말이다.

헬라어로 의지를 뜻하는 단어는 '델레시스 (θέλησις)'이다. 그런데 성경에서 이 단어는 이런 명사형보다 무언가를 '원한다' 또는 '하고자 한다'는 의미의 동사형 '델로 (θέλω)'로 많이 사용된다. 하나님으로 말미암아 일어나는 의지의 변화를 묘사하는 성경구절은 예컨대 다음과 같은 구절이다. "너희 안에서 행하시는 이는 하나님이시니 자기의 기쁘신 뜻을 위하여 너희에게 소원을 두고 (θέλειν) 행하게 하시나니"(빌 2:13). 이 구절은 인간의 의지 역시 하나님의 적극적 개입을 통해 변화된다는 사실을 말해준다.

한편 바울이 마음을 지칭하는 말로 가장 많이 사용하는 단어가 바로 '카르디아 (καρδία)'이다. 이 단어는 히브리어 '레브 (לֵב)'와 마찬가지로 원래 심장 (heart)을 뜻하는 말로서 생각, 감정, 의지를 포함한 마음의 중심을 의미한다. 바울서신에서 이 단어는 하나님과의 친밀한 교제를 묘사할 때 주로 사용된다. 이렇게 카르디아를 하나님과의 친밀한 교제를 함의하는 말로 사용한 구절들은 이루 다 열거할 수 없을 만큼 많지만, 그중 하나가 바로 다음 같은 구절이다. **"소망이 우리를 부끄럽게 하지 아니함은 우리에게 주신 성령으로 말미암아 하나님의 사랑이 우리 마음에 부은 바 됨이니…"**(롬 5:5). 특별히 이 구절이 중요한 이유는 여기서 하나님의 마음이 어떻게 우리 마음에 전해지는지 알 수 있기 때문이다. 이 구절은 성령으로 말미암아 하나님의 사랑이 우리 마음에 '부어져서' 우리 마음이 그 하나님 마음과 하나될 때 우리가 하나님 마음을 알게 된다는 사실을 보여준다.

성령이 어떻게 우리에게 하나님의 마음을 알게 하시는지 보여주는 또 하나의 중요한 구절이 고린도후서 3장 3절이다. **"너희는 우리로 말미암아 나타난 그리스도의 편지니 이는 먹으로 쓴 것이 아니요 오직 살아 계신 하나님의 영으로 쓴 것이며 또 돌판에 쓴 것이 아니요 오직 육의 마음판에 쓴 것이라."** 여기서 유념할 것은 바울이 구약성경 에스겔서 36장 26절을 염두에 두고 이 말을 하고 있다는 점이다. **"또 새 영을 너희 속에 두고 새 마음을 너희에게 주되 너희 육신에서 굳은 마음을 제거하고 부드러운 마음을 줄 것이며…"** 여기서 말해지는 하나님의 영의 역할은 하나님과 소통할 수 없는 사람들의 마음을 하나님과 소통할 수 있는 '부드러운' 상태로 변화시킴으로써 우리로 하여금 하나님 마음을 알게 하신다는 것이다. 한편 신구약의 여러 구절들은 이런 하나님의 영을 거부하는 사람들의 마음을 돌처럼 '굳은' 마음이라 지칭한다.

이상에서 우리는 신구약 성경을 통해 하나님의 영이 어떻게 인간의 프쉬케를 소생시키는지 살펴보았다. 신구약 성경에 나타난 하나님의 영의 역할은 요컨대 인간의 마음을 소생시켜 하나님과 소통이 이루어지도록 하는 것이다. 하나님의 영은 또한 하나님의 사랑을 우리 마음에 부어주셔서 우리가 동일한 사랑으로 하나님을 사랑할 뿐 아니라 우리와 같은 다른 피조물들도 사랑하게 하신다. 다시 강조하지만 여기서 하나님의 사랑이 부어진다는 것은 그 사랑이 어떤 물질처럼 우리 안에 채워진다는 의미라기보다 하나님과 친밀한 교제(communion)가 활성화되어 그 하나님의 마음이 우리 자신의 마음이 된다는 의미이다. 바로 이러할 때 우리가 다른 사람들 보기에 하나님을 닮은, 하나님의 형상으로 나타나게 되는 것이다.

그런데 여기서 한 가지 유의해야 할 점은 하나님의 영이 소성시키는 인간의 마음이 그의 육신과 분리된 영혼이 아니라 **"육의 마음(καρδία σάρκινος)"**(고후 3:3)이라는 사실이다. 이로써 우리는 하나님의 영이 우리의 육신과 연결된 마음, 또는 육신을 포함한 전인(全人)을 변화시키신다는 사실을 알 수 있다. 실상 신구약성경이 거듭 강조하는 바는 이처럼 성령이 **"육신에서 굳은 마음을 제하시"**(겔 36:26)고 **"우리 죽을 육체에 생명이 나타나게 하신다"**(고후 4:11)는 사실이다. 일견 이런 말씀들은 '육(σάρξ)'을 하나님과 대립되는 실체처럼 묘사한 성경의 다른 표현들(예컨대 롬 8:6)과 모순되는 것처럼 보인다. 그러나 하나님의 영이 소성시키는 프쉬케가 몸과 분리된 '영혼'이 아니라 몸의 활동을 포함한 인간의 생명활동 전체를 의미하는 것이라면 위와 같은 표현들이 하등 이상할 것이 없다. 위르겐 몰트만(Jürgen Moltmann)의 지적대로 하나님의 영은 기본적으로 우리로 하여금 육신으로부터 분리되게 하는 것이 아니라 육신을 포함한 우리 전 존재가 살아나게 하는 생명의 영이기 때문이다.[5]

하나님의 영은 이렇게 현재의 우리 몸까지 살아나게 하실 뿐 아니라 우리 몸을 궁극적으로 새로운 영광의 몸으로 변화시키시는 하나님의 능력이다. "그는 만물을 자기에게 복종하게 하실 수 있는 자의 역사로 우리의 낮은 몸을 자기 영광의 몸의 형체와 같이 변하게 하시리라"(빌 3:21). 이것이 바로 고린도후서 5장 4절의 "죽을 것이 생명에 삼킨 바 된다"는 말씀의 의미이다. 이것은 우리의 프쉬케가 플라톤의 생각처럼 몸과 분리되는 영혼이 아니라 하나님의 영에 의해 새로운 생명력을 부여받은 "새 사람"(엡 4:24)이라는 의미이다.

영적 교감 (spiritual communion)

이제껏 필자는 영을 내적 실체로 보기보다 관계적 역동으로 볼 필요가 있다는 점을 거듭 강조해 왔다. 혹자는 이것을 성경을 통해 보다 구체적으로 뒷받침할 수 있느냐 물을지 모른다. 이런 물음에 답하기 위해 필자보다 먼저 미하엘 벨커 (Michael Welker)가 근거로 제시하는 성경구절을 다시 인용하자면 그것은 바로 다음 같은 구절이다. "내가 실로 몸으로는 떠나 있으나 영으로는 함께 있어 거기 있는 것 같이 이런 일 행한 자를 이미 판단하였노라"(고전 5:3). 이외에도 비슷한 구절로는 골로새서 2장 5절을 들 수 있다. "이는 내가 육신으로는 떠나 있으나 영으로는 너희와 함께 있어 너희가 질서 있게 행함과 그리스도를 믿는 너희 믿음이 굳건한 것을 기쁘게 봄이라." 이런 성경구절들에서 알 수 있는 것은 하나님의 영이 공간적으로, 또 심지어 시간적으로 함께 있지 않는 사람들이 하나되게 하시는 영이라는 것이다.[6] 우리는 서로 떨어져 있어도 이렇게 '영적으로' 함께하며 서로 하나가 될 수 있다. 그런데 벨커에 의하면 이렇게 '영으로 함께한다'는 것은 어떤 신비한 자기초월의 경험이라기보다 우리가 일상적으로 경험하는 것 같은 마음의 교감을 의미한다. 즉 사도 바울과 마찬가지로 우리도 멀리 고향에 계신 어머니의 마음을 느낄 수 있으며, 독재 치하에서 북한주민이 받는 고통에 마음으로 동참할 수 있다. 심지어 3천년전 이집트 감옥에 갇힌 요셉의 마음까지 공감할 수 있다. 벨커는 이런 일이 우리가 영적인 존재이기 때문에 가능한 일이라고 본다. 결국 이것은 서로 다른 사람들 사이의 마음의 교감이 모두 일종의 '영적 체험'이라고 말하는 셈이다.

필자는 이러한 벨커의 견해에 기본적으로 동의하면서도 한편으로 거기에 한두 가지 단서를 덧붙이기 원한다. 그것은 먼저 그런 경험이 모두 진정한 영적 경험이라 볼 수 있느냐는 문제에 관해서이다. 거듭 말하지만 필자는 벨커와 마찬가지로 마음의 교감이 기본적으로 영적인 경험이라 본다. 그러나 I부 끝에서 이미 밝힌 바와 같이 현실에는 진정성이 결여된 유사소통이나 마음의 착각도 있을 수 있다. 특히 타락한 인간의 현실에는 진정성을 결여한 거짓친밀감(pseudo-intimacy)이라든지 진정으로 영적 교류라 할 수 없는 심리적 기만이 만연한 것이 사실이다. 이것이 바로 하나님을 떠난 인간의 실상이라 할 수 있다.

한편 벨커는 "굳이 하나님의 영을 언급하지 않더라도 바울과 고린도 성도들 사이의 영적 교감을 이해할 수 있다"고 주장한다.[7] 그러나 벨커의 이런 생각이 인간의 영을 하나님의 영과 별도로 인간 자신 안에 내재하는 잠재력 같은 것으로 보는 견해라면 과연 이것이 성경적으로 타당한 견해라 할 수 있을지 의문이다.

물론 우리는 성경에서 종종 **"나의 영 ($\pi\nu\varepsilon\upsilon\mu\alpha$ $\mu o\hat{\upsilon}$)"** (일례로 고전 5:4) 같은 표현을 발견할 수 있다. 이를 근거로 인간의 영이 하나님과

별개로 원래부터 인간 안에 내재하는 속성이라 생각할 수 있다. 그러나 내 호흡을 내 호흡이라 부르지만 그것이 단지 내게 속한 속성이 아닌 것처럼 **"나의 영"** 역시 단지 내게 속한 속성이라 보지 않을 수도 있다. 필자가 보기에 보다 더 성경적인 견해는 나의 영이 나 자신에게 속한 것이 아니라 본래 하나님으로부터 주어진 것으로, 궁극적으로 하나님께로 돌아갈 하나님의 '숨'이라는 것이다. 그래서 인간은 하나님께서 그 숨을 거두어 가시면 다른 피조물들과 마찬가지로 결국 한줌의 흙으로 돌아갈 수밖에 없는 유한한 존재라는 것이다.

전도서 기자는 이러한 인간을 포함한 유한한 피조물들의 운명에 대해 다음 같이 이야기한다. **"다 동일한 호흡(영)이 있어 짐승이 죽음 같이 사람도 죽으니 사람이 짐승보다 뛰어남이 없음은 모든 것이 헛됨이로다. 다 흙으로 말미암았으므로 다 흙으로 돌아가나니···"** (전 3:19-20). 그러면 이처럼 하나님의 영이 거두어지면 결국 흙으로 돌아갈 수밖에 없는 유한한 피조물이 시공을 넘어 다른 피조물과 교감하는 것이 과연 하나님의 영의 개입 없이 가능한 일일까? 아마 그렇지 않을 것이다. 다만 우리는 그러한 소통이 매번 하나님 영의 특별한 개입을 요하는 일이라기보다 만유 안에 계신 하나님의 영의 내주를 통해 보편적으로 가능한 일이라 볼 수 있다. 바로 이러한 견지에서 몰트만은 그의 책 『생명의 영』(1991)에서 만유 안에서 만유를 소통시키는 하나님의 영의 경험에 대해 다음 같이 묘사하고 있다.

'하나님의 영의 경험'은 인간 주체의 자기경험에 제한되지 않는다. 오히려 그것은 너의 경험과 공동체적 경험(Gemeinschaftserfahrung)과 자연의 경험에 있어서도 구성적인 것이다. "하나님의 영은 땅에 충만하며 모든 것을 유지하는 그분은 모든 소리를 아신다"(지혜서 1:7). 그러므로 하나님의 경험은 모든 일상의 세계 경험 '안에서,' 그것과 '함께,' 그것 '아래에서' 가능하다.[8]

마음의 교감이 인간의 내적 잠재력이라기보다 하나님의 영을 매개로 이뤄지는 영적 교류라는 필자의 주장에 대해 어쩌면 제기될 수 있는 반론 중 하나는 최근 주목받는 '거울뉴런(mirror neuron) 현상'에 근거한 과학적 반론일 것이다. 오늘날 진화론자들은 인간을 포함한 일부 고등동물들에게서 발견되는 이 거울뉴런 현상을 두고 이것이 바로 공감 역시 진화를 통해 발달한 생물학적 기능임을 증명한다고 주장한다.[9] 그러나 이런 주장은 사랑하는 사람 앞에서 심장이 뛰는 현상을 두고 사랑이 심장의 기능임을 증명한다고 주장하는 것과 비슷한 환원론이다. 필자가 생각하기에 이보다 더 성경적인 해석은 사랑이 심장이 뛰는 것으로 가시화되는 것처럼 이른바 거울뉴런 현상이 하나님의 영을 통해 서로 다른 피조물들간에 이뤄지는 영적 교류가 가시화되는 현상이라는 것이다. 다시 말해 거울뉴런 현상은 공감의 원인이 아니라 단지 그것의 생물학적 메커니즘을 보여주는 현상이라는 것이다. 히브리서 11장 3절 말씀처럼 **"보이는 것은"** 이렇게 단지 **"나타난 것으로 말미암아 된 것이 아니다."**

한편 인간을 포함한 일부 고등동물들에게서 발견되는 그러한 거울뉴런 현상은 관계적인 하나님의 지상적 표상(representation)이라고 말할 수는 있다. 특별히 이러한 상호교감의 메커니즘이 소수 영장류들에게서 발견된다는 것은 공감이 모든 피조물들에게 동일하게 부여된 기능이 아니라는 것을 반증한다. 다소 비약이 있지만 이러한 과학적 사실과 성경에 근거하여 우리는 하나님과 마음을 나누는 것이 모든 피조물들에게 보편적으로 허락된 경험이 아니라 오직 우리 인간에게 주어지는 특별한 은사라고 가정할 수 있다. 이런 가정에 따르면 인간은 단지 '호모 엠파티쿠스(*homo empathicus*: 공감하는 인간)'[10]가 아니라 '호모 데오-엠파티쿠스(*homo Deo-empathicus*)', 즉 하나님을 공감하는 인간으로 특징지어진다. 다시 말해 인간은 많은 피조물들 중에서 유일하게 하나님을 공감할 수 있는 피조물이며 바로 이점에서 독보적인 존재라 할 수 있다. 또한 바로 이런 이유 때문에 인간은 다른 피조물들과의 관계에서 '그리스도의 형상'으로 자리할 수 있다. 이 말의 의미는 그리스도께서 이 세상 가운데 하나님이 어떤 분이심을 나타내신 것처럼 인간이 그리스도의 형상으로서 다른 피조물들 가운데서 그리스도가 어떠한 분이심을 나타내는 존재라는 의미이다.

하나님의 영

우리가 서로 마음을 나누는 것이 하나님의 영을 통해 가능한 일이라면 우리 인간이 하나님과 마음을 나누는 것 역시 하나님의 영을 통해 가능한 일임은 두 말할 나위 없다. 사도 바울은 말하기를 "**하나님이 자기를 사랑하는 자들을 위하여 예비하신 모든 것은… 오직 성령으로 우리에게 보이셨다**" (고전 2:9-10) 라고 한다. 그런데 여기서 다시 강조할 것은 성령이 관계적이라는 점이다. 조직신학자라면 아마도 필자의 이런 주장에 대해 다음 같이 지적할지 모른다. "하나님의 영은 관계적

　　　　　　　　Ⅱ. 마음과 영-고금(古今)의 심리학들과의 대화

이기만 한 것이 아니라 관계적인 동시에 개체적이다. 그리고 이런 양면성이 바로 삼위일체 성령론의 핵심이다." 필자 역시 이런 주장에 동의한다. 비유컨대 양자역학에서 빛을 입자인 동시에 파동이라고 보듯 하나님의 영 역시 관계적인 동시에 개체적이라 볼 수 있을 것이다. 다만 여기서 필자가 지적하고 싶은 점은 비록 우리가 이렇게 신학적으로 하나님의 영에 대해 균형 잡힌 이해를 추구하지만 그럼에도 불구하고 실제로 우리 가운데는 여전히 성령을 관계성보다는 개체로 보는 관점이 지배적이라는 점이다. 성령을 이렇게 보는 것은 일견 성령의 인격성을 강조하는 것 같지만 실상은 그렇지 않다. 그것이 성령을 마치 우리 안에 채워지는 물질이나 에너지처럼 생각하게 만듦으로써 그 관계적 역동의 인격성을 몰각하게 할 수 있기 때문이다.

역으로 성령이 관계적 역동이라고 하면 그것이 오히려 성령을 더 비인격적으로 보는 것이 아닌가 의심될지 모른다. 이런 오해를 불식하기 위해 필자가 이 말로 무엇을 의미하는지 다시 설명할 필요가 있을 듯하다. 거듭 강조하건대 하나님의 영이 관계적이라는 말은 하나님의 영을 통해 우리 마음이 하나님과 연결되고 서로 하나가 된다는 의미이다. 우리는 이렇게 하나님의 영을 통해 하나님과 연합됨으로써 하나님의 마음을 알 수 있다. 즉 하나님이 나를 얼마나 사랑하시는지, 하나님이 그런 나를 어떻게 보고 계신지, 또 나를 위해 어떠한 생각과 계획을 갖고 계신지 이해할 수 있다. 그래서 내 미래가 불확실하고 아무도 나를 기억하지 않는 것처럼 느껴질 때라도 우울하던 나의 마음이 그러한 하나님의 영으로 말미암아 새 힘을 얻게 된다. 이것이 바로 필자가 강조하는 바 하나님의 영이 인간의 프쉬케를 소성시킨다는 말의 의미이다. 이는 곧 성령으로 말미암아 우리의 마음이 위로를 받고 새 힘을 얻는다는 의미이다. 뿐만 아니라 내 육신이 동시에 활력을 얻는다는 의미이다.

성경에 의하면 타락으로 말미암아 인간에게 일어난 결과는 하나님의 영이 더 이상 그들과 함께하지 않게 된 것이다. **"나의 영이 영원히 사람과 함께 하지 아니하리니 이는 그들이 육신이 됨이라"**(창 6:3). 그러나 이것은 말 그대로 하나님이 더 이상 인간과 함께하지 않게 되었다는 의미는 아닌 것이 분명하다. 이후의 성경 이야기들에서 우리는 하나님이 여전히 인간과 함께하시며 그들 가운데 개입하고 계신 것을 볼 수 있기 때문이다. 또한 이렇게 여전히 하나님이 함께하시기 때문에 우리는 우리와 함께하시는 그의 영을 통해 자기자신을 넘어 다른 피조물들과 교통하며 살 수 있다. 다만 영은 관계적인 역동이므로 **"하나님의 영이 함께하지 않는다"**는 것은 하나님이 함께하셔도 하나님과 인간 사이에 모종의 단절이 일어났음을 의미한다고 볼 수 있다. 그 결과 인간이 하나님을 알지 못하거나 하나님을 왜곡해서 이해하게 되었다는 의미로 볼 수 있다. 비유컨대 인간의 마음이 돌처럼 굳은 마음이 되었다는 뜻이다. 인간이 **"육신이 되었다"**는 말은 이렇게 인간이 다른 동물과 다를 바 없이 하나님과 소통하지 못하는 상태가 되었다는 의미로 이해할 수 있다. 그런데 예수 그리스도의 대속으로 말미암아 그들의 굳은 마음에 다시 성령이 임하고 그래서 그 마음이 다시 하나님과 연결되어 하나님과 소통하는 '새 사람'이 된 것이다.

성령은 이렇게 사람과 하나님 사이를 연결시킬 뿐 아니라 서로 나뉘었던 사람과 사람의 마음을 또한 연결시킨다. 이것은 단순히 시공간적으로 서로 떨어진 사람들을 연결시킨다는 의미만은 아니지만 그 또한 중요한 성령의 역할이라 볼 수 있다. 사도 바울이 고린도 성도들을 위해 기도할 때 그들과 비록 거리상으로 멀리 떨어져 있었지만 하나님의 영을 통해 그들의 숨겨진 문제를 파악하고 감춰진 마음 속까지 헤아릴 수 있었다. 이것은 고린도 성도들의 마음을 아시는 하나님께서 그들을 향한 하나님의 마음을 사도 바울과 공유하셨기 때문에 가능했던 일이라 볼 수 있다.

그런데 하나님의 영이 서로 나뉘었던 사람들의 마음을 연결시킨다는 것은 비단 이렇게 시공간적으로 떨어져 있는 사람들을 연결시킨다는 의미만 아니라 더 중요하게는 서로 깨어진 사람들의 관계를 치유하고 회복시킨다는 의미이다. 관계가 깨어진 사람들은 자신의 편견에 따라 서로를 판단하면서 서로를 있는 그대로 보지 못한다. 마음의 벽이 둘 사이를 갈라놓아 서로의 진실을 보지 못하게 만든 것이다. 이런 상황이 바뀌기 위해서는 먼저 그들이 자신과 상대방을 보는 눈이 변화되어야 하는데 이러한 변화는 하나님의 영을 통해 가능하다. 즉 하나님 안에서 하나님의 마음으로 서로를 바라볼 때 비로소 가능해지는 것이다. 성령은 이처럼 하나님의 마음으로 자신을 돌아볼 뿐 아니라 서로를 바라보게 함으로써 깨어진 관계를 회복시키신다.

이상에서 우리는 성령이 하시는 일이 먼저 하나님과 우리 마음을 연결시키는 일이며 또한 우리 서로간의 나뉘어진 마음을 연결시키는 일이라는 점을 살펴보았다. 이런 의미에서 성령이 하시는 일은 영적인 동시에 심리적인 치유의 사역이라 할 수 있다. 이 말은 성령의 사역을 신학적 견지에서만 아니라 심리학적 견지에서도 이해할 수 있다는 뜻이다. 이제 이어지는 다음 장에서 바로 이처럼 성령이 하시는 일을 현대심리학의 견지에서 조명해보려 한다. 구체적으로 이를 위해 우리가 참조할 것은 대상관계이론이나 자기심리학 같은 인격적 상호관계의 심리학이다.

2
대상관계심리학과 영성

이상적 대상 추구

인간의 근본적인 내적 욕구는 무엇일까? 이런 물음은 현대심리학의 중심 주제이기 전에 현대심리학의 근원에서부터 그 이론의 구조와 방향을 결정지은 물음이다.

주지하듯 19세기후반에 등장한 정신분석학이 이 물음에 대해 가진 답은 인간이 근본적으로 성적 욕구의 충족을 추구하는 존재라는 것이었다. 이러한 의미에서 인간은 기본적으로 성적 동물이며, 그래서 인간은 진화해서 발달한 문명을 이룬 이후에도 여전히 그런 동물적 본능에 추동되어 살아가는 존재라는 것이 정신분석학의 기본전제이다. 이러한 기본전제는 지금까지도 여전히 남아 있어서 정신분석학만 아니라 과학계 일반의 인간이해에 기초가 되고 있다. 그러나 이제 한 세기

 II. 마음과 영-고금(古今)의 심리학들과의 대화

가 지난 정신분석학의 역사에서 그러한 기본전제가 전혀 흔들리지 않거나 변화를 겪지 않은 것은 아니다. 특히 중요한 변화 중 하나가 이미 20세기초에 스코틀랜드출신의 신학생 로널드 페어베언(W. R. D. Fairbairn)이 진로를 바꾸어 정신분석가가 되면서 일어났다.

페어베언은 프로이트의 책을 읽으면서 좀처럼 받아들여지지 않는 프로이트의 주장 한 가지와 씨름했다. 그것은 곧 어린아이가 손가락을 빠는 이유가 구강 성욕의 만족을 위해서라는 프로이트의 주장이었다. 페어베언은 이런 프로이트의 주장과 씨름하면서 인간내면의 근본적인 지향성은 성욕의 충족이 아니라 "대상 추구"라는 그 자신의 새로운 가설을 마련하기에 이르렀다.[11] 그리고 이러한 가설을 바탕으로 프로이트 정신분석학과 닮은 듯하지만 사실상 전혀 새로운 심리학인 '대상관계이론(object relations theory)'을 출범시키게 된다.

그런데 인간의 근본적 지향성이 "대상 추구"라는 페어베언의 말은 사실 그 의미가 불분명한 말이다. 그것이 구체적으로 어떤 '대상'을 말하는지 불분명하다. 페어베언은 처음에 프로이트처럼 유아가 추구하는 대상이 엄마의 젖가슴이라 했다. 그러나 이후의 논문들에서 우리는 그의 환자들이 찾거나 추구하는 대상이 "좋은 대상"이라거나 "이상적 대상"이라고 표현하는 것을 자주 발견한다. 이 "좋은 대상," "이상적 대상" 같은 용어는 이후 거듭 갱신되고 발전하는 대상관계심리학의 핵심 개념이 된다. 그리고 인간이 '이상적 대상'을 추구하는 존재라는 페어베언의 기본전제는 이후 대상관계심리학자들 가운데 하나의 불문율로 자리잡았다. 그런데 한 가지 아이러니한 사실은 그렇게 대상관계심리학이 발전해가는 사이 동시에 잊혀진 것이 애초에 이 이론을 탄생하게 만든 근본질문이라는 사실이다. 그것은 곧 인간이 왜 단순히 생물학적 욕구충족이나 현실의 부모에 만족하지 못하고 성인이 되어서도 끊임없이 현실에 없는 '이상적 대상'을 찾아 헤매는가 라는 질문이다.

이만홍과 황지연은 "인간이 이상화된 부모상을 찾아 평생을 헤매는 존재"라는 심리학의 전제가 사실상 매우 '신학적'인 것이라 지적한다. "기독교적 관점에서 인간은 모두 하나님의 잃어버린 자들이고 이에 그들이 잃어버린 부모, 쫓겨나온 자신의 집을 영원히 그리워하며 찾는" 존재이기 때문이다.[12] 이처럼 인간이 근본적으로 이상적 부모를 찾아 헤매는 존재라는 생각이 바로 페어베언이 처음 가졌던 생각인데, 이런 페어베언의 생각은 실제로 기독교신앙의 모태 속에서 배태된 것이었다. 이것을 뒷받침하는 증거 중 하나가 당시 페어베언에게 깊은 영향을 끼쳤던 당대 지식인들 중 한 명이 그의 동료이자 같은 스코틀랜드 출신 기독교사상가인 존 맥머레이 (John Macmurray) 였다는 사실이다.[13] 맥머레이가 페어베언에게 끼친 영향은 다음 같은 맥머레이의 『관계적 인간론』(1961) 에서 유추할 수 있다.

> 유아와 엄마의 관계는 인격적인 상호관계, 즉 '나와 너'의 관계로서 인간 실존의 가장 기본적인 형식을 이룬다. 바로 이 때문에 유아는 단순한 동물이 아니라 인간인 것이다.[14]

맥머레이는 또한 유아와 엄마 사이의 이러한 인격적 관계가 우리로 하여금 하나님이 우리에게 어떤 분이심을 알게 한다고 주장했다.[15] 아마도 페어베언도 공유했으리라 추측되는 이 같은 생각이 그의 대상관계이론을 정초한 주춧돌이 되었을 것이다. 그 증거 중 하나가 페어베언이 그의 이론을 원래 "인격적 관계 이론"이라 부르려 했다는 사

　　　　　　　　　　II. 마음과 영-고금(古今)의 심리학들과의 대화

실이다.[16] 요컨대 페어베언의 심리 이론은 비록 드러나게 하나님에 대해 말하지 않지만 사실상 기독교적 세계관 위에 세워진 이론이었다.

페어베언 이후 대상관계심리학자들은 원래의 페어베언의 이론과 조금씩 다른 전제 위에 각자의 이론을 구축해갔다. 애착이론은 인간이 근본적으로 모성에 대한 애착본능을 가진 존재라는 생물학적인 전제 위에 세워졌고, 자기심리학이나 인본주의심리학은 인간이 궁극적으로 자기의 실현을 추구하는 존재라는 인본주의적 가치관 위에 세워졌다. 그러나 이런 다양한 심리학 이론들의 근간에는 여전히 페어베언의 기본전제, 즉 인간은 늘 자신과 함께하며 자신을 지켜주는 '이상적 부모'를 갈구하는 존재라는 생각이 공분모로 자리하고 있다.

자기대상으로서의 하나님

이른바 자기심리학 (self psychology) 은 2차세계대전중 도미한 오스트리아 출신 정신분석가 하인즈 코헛 (Heinz Kohut) 이 창시한 이론이다. 이 자기심리학은 역시 프로이트 정신분석학으로부터 갈라져 나온 여러 이론적 후손들 중 하나로서 특히 영국의 대상관계이론과는 이란성 쌍둥이 같은 사이라 할 수 있다. 앞서 언급한 바와 같이 이 자기심리학의 근간에도 대상관계이론과 마찬가지로 인간이 이상적 부모를 추구하는 존재라는 기본전제가 깔려 있다. 그런데 아마도 20세기 중반 미국사회라는 사회문화적 영향으로 자기심리학은 인간의 자기실현에 보다 더 치중하는 심리학이 된 것으로 보인다. 즉 자기와 대상의 관계에서 자기의 측면에 보다 더 치중하는 심리학이 된 것이다. 여기서 '보다 더'라고 한 것은 역시 대상관계이론과 비교할 때 그렇다는 의미이다. 그러나 이런 자기심리학이 여전히 대상관계이론과 이란성 쌍생아라 볼 수 있는 이유는 둘 다 기본적으로 자기를 떠난 대상이 있을 수 없는 것처럼 대상 없는 자기도 있을 수 없다는 전제를 가지고 있기 때문이다.

자기와 대상이 서로 불가분의 관계라고 하는 자기심리학의 기본 전제를 그대로 내포하고 있는 용어가 바로 '자기대상(selfobject)'이다. 자기대상이란 자기가 형성되는 데 필수불가결한 역할을 하는 중요한 대상을 말한다. 이런 자기대상은 자기의 바깥에 있는 대상일 뿐 아니라 자기 안에서 중요한 역할을 하는 대상이라는 의미에서 일종의 '내적 대상(internal object)'이라 할 수 있다. 내적 대상이란 원래 멜라니 클라인(Melanie Klein)의 용어로 나의 바깥에 있는 대상이 내 안에 들어와 중요한 심리적 역할을 하게 된 것을 말한다. 결국 이 내적 대상이나 자기대상이라는 용어가 뜻하는 바는 나에게 중요한 대상은 단지 내 바깥에만 있지 않고 내 안에 들어와 나의 일부가 된다는 사실이다.

여기서 우리는 내 바깥의 존재가 내 안에 들어와 나와 하나가 되는 것을 앞에서 이야기한 영적 하나됨이라는 견지에서 재해석해 볼 수 있다. 코헛은 자기대상이 자기의 형성에 중요한 역할을 할 뿐 아니라 결국 자기 인격의 일부로 통합된다는 점을 강조한다. 우리는 이런 일이 단지 인간관계에서만 아니라 하나님과의 관계에서도 동일하게 일어난다는 점에 주목할 필요가 있다. 코헛은 중요한 자기대상의 역할을 크게 세 가지로 설명한다. 그런데 이 세 가지 자기대상의 역할은 하나님께서 우리와의 관계 속에서 행하시는 역할이기도 하다.

코헛이 말하는 중요한 자기대상의 역할은 첫째로 거울자기대상 역

　　　　　　　　Ⅱ. 마음과 영-고금(古今)의 심리학들과의 대화

할이다. 이것은 대단하고 소중한 나의 존재를 거울처럼 반영해 주는 역할을 말한다. 예컨대 "우리 아들이 최고야"라고 말해주는 엄마나 아빠의 역할이 그런 것이다. 코헛이 이와 더불어 또 한가지 중요한 자기대상 역할이라고 강조한 것이 바로 이상적 부모의 역할이다. 즉 자녀에게 하나님처럼 전능하고 완전하게 여겨지는 엄마아빠는 두려움이나 외로움에 사로잡힌 그들에게 지지와 힘을 주는 대상인데 코헛은 이런 그들을 이상적 자기대상이라 불렀다. 코헛은 이러한 이상적 자기대상에 대한 욕구를 부모대신 하나님이란 대상에게 전치한 것이 바로 종교라고 설명한다.[17] 그러나 우리는 이런 해석을 뒤집어서 하나님을 떠난 사람들이 여전히 그렇게 크고 전능하신 대상에 대한 갈망을 부모에게 투영하고 있는 것이 바로 '이상화 전이'라 볼 수 있다.

코헛에 의하면 위대한 자기상이나 이상적 대상에 대한 갈망은 서로 한 축(軸)으로 연결되어 있다.[18] 이 말의 의미는 이상적 부모를 찾는 심리와 위대한 자기상을 추구하는 심리가 동전의 양면처럼 서로 연결돼 있다는 의미이다. 우리는 이것이 부모와의 관계에서만 아니라 하나님과의 관계에서도 마찬가지라는 점을 알 수 있다. 우리가 크신 하나님의 자녀임을 확신할 때 우리는 거기서 비로소 진정한 자신의 존귀함을 발견한다.

마지막으로 코헛이 말한 중요한 자기대상 역할은 '또 다른 나(alter-ego)' 또는 '쌍둥이(twinship)' 자기대상의 역할이다. 이런 자기대상은 위에서 이야기한 두 자기대상과 달리 나의 연약하고 부족한 모습까지 쌍둥이처럼 닮은 대상이다. 코헛에 의하면 우리는 이러한 쌍둥이 자기대상을 통해 자신의 소속감과 안도감을 느끼게 된다. 예컨대 나와 꼭 닮은 단짝친구를 통해 내가 혼자가 아니라고 느끼는 것이 바로 그런 예이다.

신앙적 측면에서 보자면 우리에게 이러한 쌍둥이 대상이 되는 것은 겟세마네 동산의 예수님이나 현재 믿음으로 함께 살아가는 신앙공동체의 교우들일 수 있다. 때로 넘어지고 실수하는 그들을 보면서 우리가 도리어 위안을 받는 이유는 그들에게서 바로 우리 자신의 모습을 발견하기 때문이다. 그런데 한 가지 더 기억할 것은 그들의 연약한 모습이 나에게 위안이 되는 것은 단지 그들이 나와 같기 때문만은 아니라는 점이다. 그들을 통해 나는 그런 그들(또는 자신)의 연약함에도 불구하고 그들(또는 자신)과 함께 계신 하나님을 떠올릴 수 있기 때문이다. 헨리 나우웬(Henry Nouwen)은 데이브레이크(Daybreak) 공동체에서 지체부자유자인 아담을 돌보며 하나님을 떠올릴 수 있었다.[19] 이와 마찬가지로 우리에게 강한 자가 아니라 오히려 우리 자신처럼 연약한 자가 그렇게 연약한 우리와 함께하시는 '하나님을 생각나게 하는 사람'이 될 수 있다. 여기서 우리는 다시 인간상호관계와 하나님과의 관계가 서로 깊이 연결되어 있다는 사실을 발견하게 된다. 너의 하나님이 곧 나의 하나님이며 너를 향한 나의 마음이 우리를 향한 하나님의 마음이라는 것을 깨닫게 된다. 이때 기억할 것은 이렇게 나와 너, 우리와 하나님이 하나로 연결되는 곳이 바로 우리의 '마음'이며 이러한 마음의 교류를 가능케 하는 것이 바로 하나님의 영이란 사실이다.

코헛이 주목한 것은 나에게 중요한 자기대상들과 나의 관계이다. 그런데 우리는 그의 이론을 인간상호관계만 아니라 하나님과 우리 사이의 관계에도 적용해볼 수 있다. 이것을 두고 혹자는 심리학을 신학적으로 전용한다고 비판할지 모른다. 그러나 사실 이것은 그만큼 하나님과의 관계와 인간상호관계가 서로 닮은 꼴이며 서로 맞물려 있다

　　　　　　　　　　Ⅱ. 마음과 영-고금(古今)의 심리학들과의 대화

는 사실을 시사하는 것이다. 이처럼 서로 연결된 두 관계 사이의 유사성을 일찍이 신학자 칼 바르트(Karl Barth)는 '관계의 유비(*analogia relationis*)'라는 말로 묘사했다.[20] 이것은 곧 하나님과의 관계와 인간 상호관계가 서로 그렇게 닮은 꼴이기 때문에 인간이 '하나님의 형상(*imago Dei*)'이 될 수 있다는 주장이다. 바르트가 이러한 그의 주장을 뒷받침하기 위해 인용하는 성경구절은 요한복음 17장에 나오는 다음 같은 예수님의 기도이다.

> 아버지여, 아버지께서 내 안에, 내가 아버지 안에 있는 것 같이 그들도 다 하나가 되어 우리 안에 있게 하사 세상으로 아버지께서 나를 보내신 것을 믿게 하옵소서. 내게 주신 영광을 내가 그들에게 주었사오니 이는 우리가 하나가 된 것 같이 그들도 하나가 되게 하려 함이니이다. 곧 내가 그들 안에 있고 아버지께서 내 안에 계시어 그들로 온전함을 이루어 하나가 되게 하려 함은 아버지께서 나를 보내신 것과 또 나를 사랑하심 같이 그들도 사랑하신 것을 세상으로 알게 하려 함이로소이다(요 17:21-23).

이러한 예수님의 기도는 인간상호간의 관계가 하나님과의 관계와 서로 닮아 있을 뿐 아니라 서로를 역동적으로 '내포(內包)'하고 있다는 사실을 말해준다. 우리를 향한 예수님의 사랑이 하나님의 사랑을 내포하고, 또한 우리가 서로 나누는 사랑이 우리를 향한 하나님의 사랑을 내포하고 있다. 몰트만은 이처럼 성삼위 하나님과 교회(부름 받은 자들) 사이의 상호내포적 관계를 '함께 추는 춤'을 의미하는 헬라어 '페리코레시스(*perichoresis*)'로 묘사했다. 페리코레시스는 순환적 상호내주라 번역되기도 하는데, 몰트만에 의하면 하나님은 성삼위간에 이렇게 순환적 상호내주관계를 이루실 뿐 아니라 그러한 상호내주 관계 속으로 우리 인간을 동참시키신다.[21] 이것은 다시 말해 순환적 상호내주가 비단 성삼위 사이의 관계만 아니라 하나님과 우리, 더 나아가 우리 상호 간의 관계의 특징이 될 수 있다는 뜻이다. 한편 우리는 이렇게 서로가 서로 안에 내주하는 동시에 하나님 안에 함께하는 순환적 상호내주를 심리학적 견지에서 '내면화'라는 개념을 통해 재해석해 볼 수 있다.

변형적 내면화와 하나님 표상

대상관계이론과 자기심리학의 핵심개념 중 하나가 바로 '내면화(internalization)'이다. 내면화란 내 바깥에 있는 대상이 내 안에 들어와 내게 의미 있는 존재가 되며 심지어 내 자아의 일부가 되는 것을 뜻한다. 이러한 개념은 원래 프로이트가 그의 정신분석학에 처음 도입한 개념으로 처음에는 내사(introjection)라는 용어가 사용됐다. 이 용어는 프로이트가 초자아의 형성과정을 설명할 때 사용했는데, 그것은 부모가 가진 어떤 특성을 유아가 내사(內射)해서 유아 자신에 대한 태도를 형성하는 과정을 설명하는 말이었다. 그런데 프로이트 이후의 정신분석가들에 의하면 이러한 과정은 단지 내사로만 특징 지어지는 것이 아니라 동시에 투사적 동일시(projective identification)로도 특징 지어진다. 이러한 투사적 동일시는 유아가 자기 안에 가지고 있는 원초적 환상을 부모에게 투사하여 '이상적인 부모상'을 형성하는 과정에서 나

　　　　　　II. 마음과 영-고금(古今)의 심리학들과의 대화

타난다. 사실 이런 이상적 부모상은 초자아에 선행하는 유아의 선험적 환상이라 할 수 있다. 그런데 유아가 점차 자신을 실망시키거나 심지어 자신을 공격하는 엄마 또는 아빠를 경험하면서 그러한 환상이 깨어지고 좀더 현실적인 부모의 경험이 내면화되는데, 이것을 두고 초기정신분석가들은 초자아 (superego) 라고 불렀다.[22]

프로이트를 위시하여 클라인이나 심지어 페어베언에게서까지 초자아는 주로 부정적 이미지를 내포했다. 그것은 줄곧 자아와 갈등을 빚는 내부의 적을 의미하는 말이었다. 페어베언은 그것을 심지어 '내적 파괴자 (internal saboteur)'라고까지 불렀다. 그러나 우리가 염두에 두어야 할 사실은 초자아에 대한 이런 부정적 개념이 주로 그들 초기정신분석가들이 병리적인 환자들을 분석하는 과정에서 비롯되었다는 사실이다. 이에 반해 소아과의사로서 정상적으로 발달하는 유아들을 관찰하면서 자신의 이론을 정립한 도널드 위니콧 (Donald Winnicott) 의 경우 그런 유아들이 내면화한 '좋은 엄마'가 유아의 정서조절을 돕고 건강한 자아형성을 촉진시킨다는 사실에 주목했다. 아마도 코헛의 '변형적 내면화' 개념은 이런 위니콧의 이론에 많은 영향을 받았을 것이다.

변형적 내면화 (transmuting internalization) 는 코헛의 핵심개념 중 하나로 좋은 자기대상이 단지 외부에 머물지 않고 자기 인격 속에 들어와 통합되는 과정을 설명하는 용어이다. 코헛에 따르면 인간은 좋은 자기대상들을 필요로 하지만 아무리 좋은 부모라도 그러한 자녀의 필요를 완전히 충족시킬 수 없다. 다시 말해 부모는 자녀에게 필시 부족하게 느껴지기 마련이고 실망과 좌절을 주기 마련이다. 그런데 코헛에 따르면 이러한 좌절의 경험은 적절한 수준이기만 하다면 오히려 자녀의 성장에 유익한 것이 된다. 그것이 이제껏 그 부모가 해주던 역할을 스스로 할 수 있는 기회를 제공하기 때문이다. 다시 말해 스스로 자신을 위로하고 격려할 수 있는 힘을 기르게 한다(기독교적 관점에서 보자면 이러한 과정은 불완전한 그 부모 대신 보다 완전하신 하나님을 의지하게 되는 신앙적 성장으로 이어질 수 있다. 이런 의미에서 부모는 하나님의 중간대상이라 할 수 있다). 그런데 여기서 중요한 것은 바로 그렇게 자신을 위로하고 격려하는 힘이, 혹은 홀로 하나님을 바라볼 수 있는 힘이 이전의 좋은 부모와의 관계에 기초할 수 있다는 점이다. 이러한 성숙의 과정이 지금까지의 외부대상 경험이 내면의 역량으로 바뀌는 과정이기 때문에 코헛은 이 과정을 변형적 내면화라고 불렀다. 코헛은 이 과정이 마치 아기가 먹은 엄마의 젖이 아이 내면에 단백질로 축적되어 에너지를 발휘하는 것과 같다고 설명한다.[23]

코헛의 변형적 내면화 개념은 사실 위니콧의 '홀로 있을 수 있는 힘'이나 '충분히 좋은 엄마'의 개념과 일맥상통한 것이다. 먼저 '홀로 있을 수 있는 힘'이란 엄마가 충분히 신뢰적인 환경을 유아에게 제공해왔기 때문에 그 엄마가 잠시 부재할 때에도 유아가 그 엄마의 부재를 의식하지 않고 안정적으로 놀이를 계속할 수 있는 능력을 말한다. 이러한 유아의 '홀로 있을 수 있는 능력'은 코헛식으로 말하자면 내면화된 자기대상이 엄마의 부재상황에도 내적인 안정감을 제공하는 것을 의미한다.

한편 위니콧은 코헛이 최적의 좌절을 강조한 것과 비슷하게 완벽한 엄마보다는 차라리 조금 부족한 엄마가 아이의 성장에 유익하다는 점을 강조했다. 그 이유는 그런 부족을 통해 아이가 엄마와 떨어져 혼자 있을 수 있는 힘을 기를 수 있기 때문이다. 아이는 또한 그러한 부족

  II. 마음과 영-고금(古今)의 심리학들과의 대화

과 좌절을 통해 자신의 과장된 전능 환상을 버리고 보다 현실적인 자아 인식에 이를 수 있다. 위니콧에 따르면 갓 태어난 아기는 아직 좌절의 경험이 적기 때문에 자신이 전능하다는 환상을 갖고 있다. 유아기에 이러한 전능 환상은 엄마의 집중적인 돌봄으로 인해 어느 정도 유지될 수 있으나 차차 엄마의 부재나 공감의 실패로 인해 무너져간다. 위니콧에 의하면 ― 코헛의 주장과 비슷하게 ― 이러한 좌절의 경험을 통해 유아는 보다 독립적이고 현실적인 자아 인식에 이르게 된다.

한편 유아는 동시에 '중간대상(transitional objects)'이라고 부르는 대상들을 통해 이전의 유아적 환상이 무너진 충격을 완화할 수 있다. 위니콧이 중간대상이라 부른 것은 일차적으로는 곰인형이나 강아지처럼 엄마의 빈자리를 대체하는 현실의 사물들이다. 그러나 후에 애너마리아 리주토(Anna-Maria Rizzuto)는 기독교의 하나님 역시 심리적으로 그와 비슷한 중간대상 역할을 한다고 주장함으로 많은 논란을 야기했다.[24]

우리가 이러한 리주토의 주장을 기독교신앙에 대한 부정으로 받아들일 필요는 없다. 도리어 그런 심리학이론에서 살아 계신 하나님이 어떻게 아이들의 마음 속에서 그들과 친밀한 관계를 맺으시는지 이해하는 실마리를 발견할 수 있다. 영이신 하나님은 우리 안에 들어와 우리를 만나주실 때 항상 우리의 인식수준으로 '변형'되실 수밖에 없다. 심리학적으로 환언하자면 우리 안의 심리적 표상들(representation)로 번역될 수밖에 없다. 이런 심리적 표상의 형성과정에서 우리 안에는 프로이트가 초자아 형성과정이 그렇다고 설명한 것처럼 내사와 투사가 동시에 이루어진다. 즉 출생시부터 유아가 가진 원초적 환상과 출생후 경험한 '환히 웃는 엄마,' '친밀한 아빠' 같은 이미지들이 거기 투사되기도 하고, 또 성경학교에서 들은 이야기, 친절한 교회학교 선생님 이미지 같은 것들이 내사되기도 하면서 아이들의 하나님상이 형성되는 것이다. 성인들의 하나님상도 역시 이런 이미지들이 좀더 성경의 가르침이나 성인들 수준에 맞게 교정되거나 덜 유치해지는 것일 뿐 본질적으로 동일한 심리적 표상이라 할 수 있다.

우리는 이런 심리적 표상이 인간경험의 투영이기 때문에 진정한 하나님을 알아가는 데 방해가 된다는 선입견에서 벗어날 필요가 있다. 왜냐하면 하나님은 우리에게 '부정의 방식(*via negativa*)'으로만 아니라 사실상 많은 경우 '긍정의 방식(*via positiva*)'으로 당신을 우리에게 계시하시기 때문이다. 즉 우리를 둘러싼 세상의 피조물들을 '넘어서'만 아니라 그것들을 '통해서' 간접적인 방식으로 우리에게 당신을 나타내신다. 우리는 이러한 하나님의 자기계시의 매개물들을 바르트를 따라 "이차적 대상들"[25]이라 부를 수 있다. 혹은 위니콧의 용어를 빌어 하나님과 우리 사이의 '중간대상들'이라 부를 수도 있을 것이다. 이러한 이차적 대상들, 또는 중간대상들 중 특히 중요한 것은 역시 우리 성장기에 가장 중요한 타인인 부모이다.

리주토의 『살아있는 신의 탄생』(1979)에 나오는 환자들의 하나님상은 모두 어딘가 왜곡된 하나님상이다. 이것은 아마도 그들이 정신병동에 입원한 환자들이기 때문일 것이다. 그러나 우리의 하나님상은 그리주토의 환자들만큼은 아니어도 모두 조금씩 왜곡된 하나님상일 수밖에 없다. 우리 자신이나 우리의 부모는 모두 불완전한 존재이며, 그러한 까닭에 우리의 하나님상 역시 어느 정도 그러한 그들의 불완전함의 투영일 수밖에 없기 때문이다. 그러나 하나님은 이처럼 우리의 불완전함으로 한계 지어진 현재 우리의 불완전한 신앙을 허용하신다. "우리가 지금은 거울로 보는 것 같이 희미하나 그 때에는 얼굴과 얼굴을 대하여 볼 것이요 지금은 내가 부분적으로 아나 그 때에는 주께서 나를 아신 것 같이 내가 온전히 알리라"(고전 13:12). 그러나 그럼에도 불구하고 우리가 이러한 한계를 넘어 진정한 하나님을 아는 데로 나아가는 것이 치유와 성숙의 과정이라고 말할 수 있다. 치유의 과정이라는 것이 우리의 깨어진 자아로 말미암은 심리적 장애물이 치워지는 과정이라면, 성숙의 과정은 그런 심리적 장애를 넘어 하나님과의 관계가 깊어지는 과정이라고 할 수 있다. 이 두 과정이 서로 다른 과정일 수 없는 이유는 우리의 인간관계와 하나님과의 관계가 서로 맞물려 있기 때문이다.

영적 변화와 하나님 형상

이제 앞장에서 진정한 마음의 나눔이 영적 체험이라고 했던 대목으로 되돌아가보자. 이제 여기서 우리가 다시 생각해볼 것은 그런 진정한 마음의 나눔이 어떤 의미에서 영적이라 할 수 있는가 하는 점이다. 필자는 벨커와 마찬가지로 사람들이 타인을 비롯한 다른 피조물들과 마음을 공유하는 경험을 '영적' 경험이라 부르기를 주저하지 않는다. 그런데 필자는 그것이 사람들이 내재적으로 가진 자기초월적 잠재력 때문이 아니라 우리를 초월하시는 동시에 우리 안에 내주하시는 하나님의 영으로 말미암은 일이라 믿는다. 즉 초월적인 하나님의 영이 우리 안에서 타자와 우리를 연결시키고 서로 교통하게 하시기 때문이라는 것이다. 몰트만의 표현을 빌자면 하나님의 영은 만유 안에 계신 동시에 만유를 초월하는 "내재적 초월(immanent transcendence)"이다.[26] 그렇기 때문에 우리는 이처럼 만유 안에 계신 하나님을 통해 나 자신을 넘어 다른 피조물들과 교통할 수 있다. 바로 이런 의미에서 타자와 진정으로 마음을 나누는 경험은 '영적'인 경험이라 할 수 있다. 다만 하나님과 마음을 나누는 경험은 다른 피조물들과 마음을 나누는 경험과는 구별되어야 한다.

그러나 어느 쪽이든 진정으로 영적인 경험은 서로를 존재적으로 변화시키는 힘이 있다. 우리는 이러한 존재적 변화를 단지 주관적 변화로만 생각할 수 있다. 예컨대 나에게 그저 사물이나 진배없던 길고양이가 나와 마음을 나누는 관계가 되는 것이 단지 주관적 차원의 변화라고 생각할 수 있다. 이와 마찬가지로 하나님을 알지 못하던 내가 하나님을 만나 하나님의 자녀가 되는 일도 단지 주관적 차원의 변화로만 생각할 수 있다. 그러나 실상 이런 일들은 단지 그런 주관적 차원의 변화만 아니라 실제로 일어나는 실체적 변화이다.

이런 실체적 변화 역시 코헛의 변형적 내면화 과정으로 설명할 수 있다. 예컨대 어떤 가난한 구두닦이 소년이 있었다고 가정해 보자. 모든 사람들이 그를 무시했지만 단 한 사람 주일학교 선생님만은 그 소년을 아껴주고 격려해주면서 이렇게 말했다. "너는 앞으로 요셉처럼 훌륭한 사람이 될거야." 그 소년은 이렇게 말해주는 그 주일학교 선생님을 자신의 거울대상이자 이상적 자기대상으로 삼아 어려운 환경 속에서도 그 주일학교 선생님이 믿어주었던 것 같은 그런 사람이 되고자 노력했다. 그리고 마침내 그 믿음대로 그 청년은 훌륭한 초등학교 선생님이 되었다.

위와 같은 변화는 비단 인간관계에서만 아니라 하나님과의 관계에서도 유사하게 일어난다. 하나님이 내게 오셔서 낮은 자존감을 가진 내게 너는 아무런 가치 없는 존재가 아니라고 말씀하신다. 내가 '당신이 미리 아시고 택하신 자'라고 말씀하신다. 나는 그런 하나님을 바라보며 하나님이 말씀하신 그런 내가 되기 위해 애쓴다. 그런데 이런 변화는 단지 내 노력만으로 이뤄지는 것이 아니라 그렇게 나를 사랑하시고 나를 위해 자신을 내어 주신 하나님의 사랑이 내 안에서 나를 새롭게 만들어 가시는 영적 변화의 과정인 것이다. 이런 영적 변화는 단지 명목상의 변화가 아니라 실체적 변화이다.

그런데 이런 변화의 과정에는 항상 모종의 매개자가 있음을 알 수 있다. 위에서 예로 든 소년의 경우 그 매개자는 주일학교 선생님이었다. 그런데 사실 그가 요셉 같은 사람이 되리라는 믿음은 단지 그 주일학교 선생님만의 믿음이 아니라 그 선생님 안에 계신 하나님의 믿음이며 종국에는 그 소년 자신이 갖게 된 믿음이라 할 수 있다. 하나님께서 그 주일학교 선생님을 통해 그런 하나님의 믿음을 그의 안에 부어주셨고, 그 때문에 소년이 그런 하나님의 믿음에 따라 살아가게 된 것이다. 이 때 주일학교 선생님은 소년에게 중요한 자기대상일 뿐 아니라 바르트가 말한 하나님의 이차적 대상이었다고 할 수 있다.

그런데 바르트에 의하면 이런 이차적 대상은 하나님을 드러내는 동시에 가릴 수 있다.[27] 이것은 당연한 일이다. 하나님은 그 주일학교 선생님을 통해 드러나기도 하시지만 그 선생님의 인간적인 면모에 의해 가려지기도 하신다. 이것은 우리 부모와의 관계에서도 마찬가지이다. 하나님은 우리 부모를 통해 우리에게 알려지기도 하지만 동시에 그들의 불완전함 때문에 가려지기도 하신다. 그러나 이것을 우리는 단지 영적인 장애물로 보기보다 하나님의 자기계시의 본래적인 특징으로 받아들여야 한다. 바르트가 말하듯 하나님의 자기계시는 늘 직접적이 아니라 간접적으로 이뤄진다.[28] 다시 말해 하나님이 아닌 다른 매개자를 통해 매개된다. 구두닦이 소년의 경우 그 매개자는 주일학교 선생님이었다. 어떤 의미에서 그 소년 안에 들어와 그 자신의 인격으로 내면화된 것은 그 선생님의 인격이었다고 볼 수 있다. 그러나 그것은 동시에 하나님의 성품이기도 하다. 이처럼 우리의 인격적 변화는 '페리코레시스,' 즉 순환적 상호내주를 특징으로 한다. 주일학교 선생님 안에 계신 하나님이 그 주일학교 선생님을 통해 그 소년 안에도 내주하게 되셨던 것이다.

하나님과 우리 사이의 매개자는 기본적으로 예수 그리스도이시다. 실제로 우리가 바라보는 자기대상으로서 하나님은 곧 성육신하신 예수 그리스도이다. **"하나님께서 예수 그리스도의 얼굴에 있는 하나님의 영광을 아는 빛을 우리 마음에 비추셨느니라"**(고후 4:6). 그러므로 우리 안에 변형적으로 내면화되신 분도 역시 예수 그리스도이시다. 그래서 그러한 예수 그리스도의 얼굴을 통해 우리가 **"그와 같은 형상"**(고후 3:18)으로 변화되어가는데, 이것이 바로 영적 변화의 본질인 것이다. 또한 이것이 바로 우리가 하나님 형상으로 변화된다는 말의 진의(眞意)라 할 수 있다.

앞에서 우리는 사람을 포함한 여러 피조물들에게 하나님의 영이 함께하시므로 그들 사이에 영적 교류가 이루어진다고 말했다. 그러나 이미 언급한 것처럼 이런 교류의 경험이 모두 동일한 차원의 영적 경험인 것은 아니다. 예를 들어 나는 내 강아지와도 일종의 영적 교감을 나눌 수 있다. 그러나 그렇다고 해서 그것이 하나님 형상을 이뤄가는 과정이라고 말하기는 어렵다. 나와의 관계에서 내 강아지 안에 형성되는 것은 단지 인간의 형상일 뿐이다. 구체적으로 그것은 바로 나를 닮은, 나의 형상이다. 내가 그 강아지를 친구나 가족처럼 대하며 함께 마음을 나누다 보면 그 강아지가 어느새 사람같이 행동하고 자기 표현을 하는 것을 볼 수 있다. 이 때 내가 그 강아지 안에서 보는 것은 사실상 나 자신의 투영이므로 결국 사람의 형상에 불과한 것이다. 또 사람은 이 땅에 속한 피조물이므로 그 형상은 이 땅에 속한 형상일 수밖에 없다. 이에 비해 예수 그리스도와의 관계 속에서 내 안에 형성되는 그리스도의 형상은 단지 사람의 형상이 아니라 하나님의 형상이다. 하나님은 이 땅에 속한 분이 아니시므로 그의 형상, 즉 그의 성품은 단지 이 땅에 속한 것이 아니라 이 땅과 함께 소멸되지 않을 하나님의 형상이다. 실제로 성경은 그 형상에 하나님께서 하늘에 속한 새로운 형체를 부여하실 것이라 약속하신다. **"무릇 흙에 속한 자들은 저 흙에 속한 자와 같고 무릇 하늘에 속한 자들은 저 하늘에 속한 이와 같으니 우리가 흙에 속한 자의 형상을 입은 것 같이 또한 하늘에 속한 이의 형상을 입으리라"** (고전 15:40).

이 땅에서 우리의 과제는 하나님 및 다른 피조물과의 관계에서 이러한 그리스도의 형상을 이루어가는 일이다. 이것은 앞에서 언급한 대로 우리의 내적 변화 및 성숙의 과정과 맞물려 있다. 그런데 우리가 알듯이 실제로 이러한 과정은 결코 쉬운 과정이 아니다. 왜냐하면 하나님과 우리 사이의 중간영역은 하나님의 영광을 가리는 불완전함으로 가득 차 있기 때문이다.

드러냄과 감춤의 변증법

출애굽기 34장 35절에 의하면 모세는 이스라엘 백성 앞에 나아갈 때 광채가 나는 그의 얼굴을 수건으로 가려야 했다. 이렇게 모세가 얼굴을 가린 이유에 대해 사도 바울은 **"장차 없어질 것에 주목하지 않게 하"**(고후 3:13) 기 위해서라 설명한다. 이 말의 의미는 진정한 하나님이 아닌 그 하나님의 중간대상에게 집중하지 말도록 하려는 것이었다는 뜻이다. 즉 하나님이 모세 자신을 통해 당신을 나타내셨지만 그는 사람들이 하나님이 아니라 자기자신에게 주목하기를 바라지 않았던 것이다.

실제로 사람들은 하나님이 아니라 하나님의 중간대상에 집중할 때가 많다. 부모에게 의존하거나 목회자를 추종하는 것이 그러한 예라고 할 수 있다. 이것은 마치 어린아이가 곰인형에 집착하는 것과 비슷한 행동이다. 이런 행동은 퇴행적인 의존욕구에 기인한 행동이자 유아적 환상을 포기하지 않으려는 집착이라 할 수 있다. 이와 비슷하게 우리가 진정한 하나님을 바라보기보다 자신이 가진 기대나 환상을 투영한 대상에 집착할 때 하나님은 우리의 그런 대상을 우리에게서 빼앗아 가실 수 있다.

이미 언급한 대로 하나님과 우리 사이의 중간대상은 기본적으로 예수 그리스도이시다. 그런데 지금 우리는 예수 그리스도를 직접 뵐 수 없기 때문에 하나님은 그리스도라는 우리의 중간대상조차 가져가 버리셨다고 말할 수 있다. 우리에게 남은 것은 승천하신 그리스도의 지상적 표상인 교회뿐이다. 좀더 구체적으로 말하자면 교회공동체나 목회자, 부모 등이 우리에게 있는 중간대상들이다. 그런데 하나님은 때로 이런 교회공동체나 목회자, 부모에 대한 우리의 기대마저 무너지게 하심으로 우리가 그들조차 의지할 수 없도록 만드신다. 심리학적인 용어로 표현하자면 우리에게 '최적의 좌절'을 허락하시는 것이다.

그런데 이것이 심리학에서 말하는 최적의 좌절과 다른 점은 이런 경험의 목적이 단순히 우리가 홀로 서는 것이 아니라 궁극적인 대상인 하나님을 바라보게 하는 데 있다는 점이다. 그런데 인간은 육체인지라 아무런 실체 없는 대상을 바라보기 어렵다. 그래서 하나님께서는 우리가 활용할 수 있는 성경말씀을 비롯해서 신앙적 글이나 상징, 음악, 이미지 같은 것들을 허락하셨다. 넓은 의미에서 이런 유형무형의 매체들 역시 일종의 중간대상들이라 볼 수 있다. 다만 이런 것들은 어린아이의 인형보다는 훨씬 더 성숙한 수준의 중간대상들이라 할 수 있다.

신앙적인 글이나 상징, 음악, 이미지 같은 것들 역시 일종의 중간대상들이라 해서 이런 중간대상에 의존하는 것이 반드시 퇴행적인 일이라고 할 수 없다. 사실 어린아이의 인형조차도 단순히 퇴행만을 의미하지 않는다. 아이들의 인형놀이에는 이중성이 있다. 어린아이가 인형을 가지고 노는 모습을 보면 그 인형을 마치 아기처럼 등에 업고서 이렇게 말하는 것을 볼 수 있다. "아기야 울지마. 엄마가 재워줄게." 그리고 아이는 몸을 흔들며 그 인형에게 자장가를 불러준다. 우리는 흔히 그 인형이 엄마 역할을 대신한다고 생각하지만 사실 이 장면에서 엄마 역할을 대신하고 있는 것은 그 아이 자신이다. 아이는 등에 업은 인형을 자신과 동일시하며 그 인형을 위로함으로써 자기자신을 위로하는 힘을 기르고 있는 것이다. 이처럼 중간대상의 중요한 기능은 엄마가 해주던 역할을 스스로 감당하면서 홀로 있는 자신을 위로하는 힘을 기르는 것이다. 신앙적 글이나 상징, 이미지나 음악 등도 이와 비슷한 기능을 한다.

예컨대 우리는 찬양의 곡조나 가사를 통해 우리를 안아 주시고 위로하시는 하나님을 떠올리며 마음에 위로를 얻는다. 이런 찬양의 곡조나 이미지는 대단히 강력한 영적 매체로서 우리를 향한 하나님의 사랑이 실제로 우리에게 부어지는 통로가 될 수 있다. 이런 현상을 두고 하나님께서 인격체가 아닌 물리적 매체를 통해서도 우리와 인격적으로 교제할 수 있다고 말할 수 있을지 모르겠다. 어쨌든 그런 이미지나 음률, 가사나 상징 등이 우리에게 하나님을 경험하는 통로가 되는 것은 사실이다. 아마도 이것은 그런 이미지나 음률, 가사, 상징 등이 우리 내면에서 일종의 자기대상 기능을 하기 때문일 것이다.

코헛은 "외부 현실에 뚜렷한 자기대상이 없는 경우 시각적 이미지 등을 통해 대체적인 자기대상을 창출해내는" 역량이 성숙한 사람의 자질 중 하나라고 말한다.[29] 기독교신앙의 성장에도 이 같은 역량의 확장이 필요하다. 그러나 때로는 우리가 그런 이미지나 상징 등에 지나치게 의존할 때 그런 것들조차 마음에서 내려놓아야 할 필요가 생긴다. 동방교회의 영성가들은 그런 구체적이고 감각적 매체를 활용하는 방식(kataphatic way)보다 그런 것들조차 떨쳐버리는 무념적 방식(apophatic way)이 더 깊은 하나님 체험의 길이라고 주장했다.[30] 그러나 실제로 하나님과의 교제는 단순히 둘 중 한 가지 방식으로 이뤄지기보다 서로 다른 방식들이 함께 활용됨으로써 더 깊어질 수 있는 듯하다.

하나님과의 교제가 단지 무념적 방식으로만 아니라 유념적 방식으로 이루어지는 이유 중 하나는 몰트만의 말처럼 하나님의 영이 우리를 이 땅에 속한 우리 육신으로부터 멀어지게 하는 것이 아니라 우리 육신을 포함한 우리 전존재가 하나님께로 고양되게 하는 영이시기 때문이다. 하나님의 영은 우리의 몸과 마음을 소성시키신다. 즉 하나님의 영으로 말미암아 우리의 눈과 귀, 그리고 가슴에 일어나는 감흥이 우리로 하여금 하나님을 향해 깨어나게 하는 것이다. 그러나 이런 경험은 그 자체에 목적이 있는 것이 아니라 우리를 하나님께로 인도하는 '야곱의 사닥다리'라고 할 수 있다. 그것은 "야곱의 환상에서처럼 상승과 하강의 사닥다리가 되어 거기서 우리를 만나주시는 하나님을 우리가 만나게 한다."[31]

또한 이 땅에서 우리가 하나님을 경험하는 구체적인 통로 중 하나는 교회공동체이다. 교회공동체는 현존하는 그리스도의 몸으로서 우리는 그 안에서 지체들과 교제하고 세상과 만나면서 그들 가운데 함께하시는 하나님을 경험한다. 예컨대 우리는 연약한 교우들의 아픔을 함께 나누고 가난한 이웃을 섬기는 가운데 우리와 함께하시며 우리의 아픔과 기쁨을 나누시는 하나님을 만난다. 우리는 그리스도의 몸을 통해 하나님의 사역에 동참할 뿐 아니라 그러한 하나님과 마음을 함께 나누게 된다.

하나님의 공감 vs. 인간의 공감

간혹 "하나님의 공감이라는 말이 성경에 있느냐? 그런 말은 현대 심리학의 영향으로 기독교에 들어온 말이 아니냐?" 반문하는 사람들을 만난다. 필자는 이런 반응이 성경과 하나님에 대해 잘 모르기 때문에 보이는 반응이라고 생각한다. 성경은 분명히 그리스도께서 우리의 연약함을 '공감'하시는 분이라 말씀하신다. "**우리에게 있는 대제사장**

은 우리의 연약함을 동정하지 못하실 이가 아니요"(히 4:15, 개역개정)에서 '동정'이라 번역된 헬라어 원어 '숨파테오(συμπαθέω)'는 현대영어의 sympathize(동정하다)의 어원에 해당하는 말이다. 그런데 이 말은 현대에 와서 그 의미가 바뀐 말로서 원래 우월한 위치에서 '동정한다'는 의미가 아니라 같은 처지에서 '공감한다'는 뜻의 말이었다. 또한 숨파테오를 문자적으로 직역하더라도 '공감(共感)'이 되는 점을 생각하면 역시 이 구절은 최근 새한글성경(2021)처럼 **"우리에게 있는 대제사장은 우리의 연약함을 공감하지 못하시는 분이 아니요…"**로 번역하는 것이 더 적절하다. 2011년의 NIV 개정판 역시 같은 이유로 숨파테오를 sympathize가 아니라 empathize로 재번역했다.

그런데 권수영이 강조하듯 사실은 예수 그리스도의 성육신 자체가 "인간의 자리에까지 내려와 인간의 고통을 안으로부터 함께 느끼"신 그리스도의 공감이라고 볼 수 있다.[32] 그리고 이런 의미에서 비단 위 구절만 아니라 신약성경 전체가 하나님의 공감에 대해 증언하고 있다고 할 수 있다. 그리스도의 성육신과 수난은 하나님께서 인간의 연약함과 고통을 그 육체로서 공감하신 숨파테이아의 사건이다. 또한 그것은 그리스도께서 몸이 찢기심으로 하나님과 인간 사이의 단절되었던 교통의 문을 여신 사건이기도 하다. 십자가의 수난은 물론 흠 없는 어린양만이 감당하실 수 있는 영단번의 대속사역이다. 그러나 그것을 통해 열린 하나님과의 교통의 장은 지금도 계속해서 우리가 참여하도록 열려 있는 장이다. 우리는 그곳에서 상처 입은 사람들의 아픔을 공감하는 동시에 그들을 향한 그리스도의 마음을 공감한다. 그것은 그 사람들과 마음을 나누며 하나님과도 마음을 나누는 이중의 공감이라 할 수 있다.

주지하듯이 공감(empathy)이란 용어는 일반상담학에서 주로 사용하는 말로서 상담자가 내담자와 한 마음이 되어 내담자의 마음을 상담자 자신 '안에서' 함께 경험하고 이해하는 과정을 뜻한다. 앞에서 이야기한 것처럼 이렇게 서로 다른 사람들이 마음으로 연결되는 것은 그들 가운데 함께하시는 하나님의 영으로 말미암아 가능한 일이다. 이런 의미에서 공감은 이미 그 자체로 영적인 일이다. 다만 일반적인 공감에 비해 목회상담에서의 공감이 특별한 이유는 그것을 통해 목회자가 내담자와 마음이 연결될 뿐 아니라 그들과 함께 계신 그리스도와 마음이 하나될 수 있기 때문이다. 이런 경험은 가히 일반은총에 대비되는 특별은총의 경험이라 할 수 있다. 왜냐하면 그런 경험이 항상 우리와 함께하시지만 특별히 성령으로 말미암아 우리에게 허락된 그리스도와의 연합의 경험이기 때문이다. 일반적 공감은 다른 사람들과 하나되는 경험인 데 비해 특별은총은 이처럼 그리스도와 하나되는 경험이기에 특별한 것이다.

이렇게 그리스도와 하나되는 것이 특별한 또 한 가지 이유는 그것이 그리스도의 마음을 내 안에서 경험하는 가운데 '돌처럼' 굳어 있던 내 마음이 치유되는 경험이기 때문이다. 그래서 우리는 이러한 치유의 과정을 역시 심리학적 관점에서도 조명해볼 수 있다. 이를 위해 먼저 생각해 볼 것은 그렇게 돌처럼 굳은 마음이 심리학적으로 어떤 상태를 의미하느냐는 점이다.

돌처럼 굳은 마음이란 성경적으로 하나님의 말씀과 사랑에 반응하지 못하는 완고한 마음을 뜻한다(사 6:9-10). 이러한 마음 상태는 심리학적으로는 억압이나 방어 같은 심리기제로 설명될 수 있다. 억압이란 자기의 욕구나 감정을 밖으로 표현하지 못하고 무의식적으로 억누르는 상태이다. 이것은 대개 자신이 수용 받지 못할 것에 대한 두려움에 기인하는데, 그런 두려움 때문에 억압이 심한 사람은 사람들 앞에서 위축되거나 자신을 감추는 것 같은 방어적 태도를 나타낸다. 그런데 기억해야 할 것은 이런 사람들이 가진 욕구나 감정은 그렇게 억누름으로 사라지는 것이 아니라는 점이다. 그것은 단지 숨겨져 있을 뿐이다. 그렇게 숨겨진 욕구나 감정은 보상적인 자극을 추구하는 행위, 예컨대 약물중독이나 성중독 같은 행위로 전치되거나 폭력이나 자해 같은 공격적 행동으로 나타날 수 있다.

한편 건강한 방법으로 표출되지 못한 사람들의 욕구는 교묘히 위장된 방식으로 나타나기도 한다. 예컨대 자기 힘을 과시하며 다른 사람들을 자신에게 굴복시키기 위해 조종하는 행동이 그러한 예이다. 그런데 자기를 과시하고 강요하는 이런 행동의 이면에는 실상 자신에 대한 열등감이나 수치심이 감춰져 있을 때가 많다. 실상 그런 과시적 행동이 자신의 열등감이나 수치심을 방어하는 행동일 수 있다. 예컨대 예수님을 공격했던 유대종교지도자들의 행동이 그런 것이었다. 그들은 스스로 준수하지 못하는 율법을 타인에게 강요함으로써 그 율법대로 살지 못하는 자신의 실상을 감추려 했는데, 예수께서 이런 그들의 모습을 **"회칠한 무덤"**(마 23:27)이라 지칭하셨다. 이에 참을 수 없는 분노를 느낀 그들은 '신성모독'이란 죄명으로 예수를 죽이려 했다. 그러나 실상 이 때 모독당한 것은 하나님의 신성이 아니라 위선적인 그들 자신이었다.

오늘날에도 이렇게 자기를 감추거나 포장하는 사람들이 자기 이면의 수치심이나 열등감을 들춰내는 상대방에게 강한 분노나 공격성을 표출할 때가 있다. 교회에서도 우리는 뜻하지 않게 이런 공격에 맞닥뜨릴 때가 있을 뿐 아니라 상담 현장에서 만난 내담자들에게서도 그런 공격성을 경험하곤 한다. 물론 우리가 공격받았다고 느끼는 감정이 실상 우리 자신의 수치심이나 분노로 말미암은 역전이 반응일 수도 있다.

정신분석가 윌프레드 비온(Wilfred Bion)은 상담 중 경험하는 이런 내담자들의 공격성이 어떻게 그 내담자들을 깊이 이해하는 기회가 될 뿐 아니라 그들을 치유하는 기회가 될 수 있는지 이야기한다. 요컨대 내담자가 자기 안에 감춰진 그런 수치심이나 분노를 상담자에게 공격적으로 투사하는 것은 그 내담자 스스로 그런 감정을 수용해낼 만한 능력이 없기 때문이다. 그래서 이런 내담자는 상담자에게 예컨대 다음 같이 쏘아붙인다. "벌써 10회기가 지났는데 내 상태는 하나도 나아진 것이 없네요." 이런 말에 상담자는 상담자로서 자신의 무능이 드러난 것 같아 수치심을 느낄 수 있다. 이런 무례한 내담자는 구제불능이라 결론짓고 포기해버리고 싶어질지도 모른다. 그러나 상담자는 그런 충동과 수치심을 견뎌내고 이렇게 되묻는다. "제가 더 유능해야 당신이 나아질텐데 그러지 못하니 이제 어떻게 하죠?" 내담자는 그 상담자의 말을 비웃어 넘기는 척하지만 어느새 그 눈가에 눈물이 어려 있다. 바로 이것이 내담자의 작은 변화가 시작되는 시점이다. 유능해야만 살아남을 수 있던 자신의 원가정에서 결코 그렇게 될 수 없던 자신의 진실을 마주하기 시작하는 것이다(이해리 논문에서 인용한 사례).[33] 심리상담에서 이런 내담자의 변화가 시작되는 것은 상담자의 요령 있는 응수 때문이 아니다. 내담자는 스스로 수용할 수 없는 자신의 모습을 상담자에게 투사하고 자기대신 그 상담자의 무능을 공격하는데, 이런 내담자의 변화가 시작되는 것은 그런 내담자에 대한 상담자의 분석이 정확하기 때문만도 아니다. 치유는 그것보다 그러한 내담자의 공격성을 상담자가 견뎌내고 '담아'줄 수 있을 때 시작된다. 비온에 따르면 이렇게 상담자가 내담자의 공격으로 인해 수난을 겪지만 그것을 견뎌내고 결국 다시 살아날 때 내담자는 그러한 상담자의 내적 힘을 흡수하여 자기자신을 수용할 수 있게 된다.[34]

기독교상담자 이해리는 상담이 이렇게 치유적이 되기 위해 상담자 스스로 "고통을 감내하는 수난극"이 되어야 한다고 말한다.[35] 특히 목회상담에서 이러한 수난은 상담자가 단지 내담자의 고통에 동참할 뿐 아니라 그리스도의 수난에 함께 동참하는 과정이라 할 수 있다. 이를 통해 비로소 죽음을 이기고 다시 사신 그리스도의 부활의 능력이 상담자와 내담자 안에서 일하기 시작한다.

상담학적 관점에서 이런 부활의 능력은 상담자 안에 내면화된 '믿음'을 매개로 활성화된다. 그것은 곧 상담자 안에 경험되는 수치심과 분노가 이미 그리스도 안에 수용되었음을 믿는 믿음이다. 이러한 믿음의 힘은 대개 상담자 자신이 경험했던 그리스도의 수용과 사랑으로부터 비롯된다. 이제껏 자신이 경험한 그러한 수용과 사랑이 이제 내담자를 수용하며 사랑하는 힘으로 전환되는 것이다. 이 힘을 가지고 상담자는 먼저 그 내담자의 핍박을 견디고 '부활'한 후 내담자에게 평안을 전하는 그리스도의 얼굴이 된다. 그런데 이 과정에서 상담자의 이상적 이미지는 이미 내담자에 의해 파괴되었기 때문에 더 이상 내담자가 바라보는 것은 상담자 자신이 아니다. 내담자는 대신 그 과정에서 상담자가 바라본 그리스도를 함께 바라보게 된다. 다시 말해 내담자의 자기대상이 더 이상 상담자가 아니라 두 사람 사이에 계신 그리스도가 되는 것이다.

III

성경 속의 심리학
- 성경과의 대화

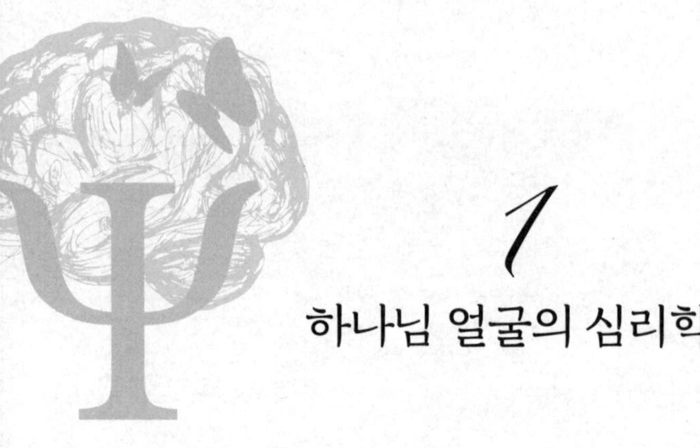

1

하나님 얼굴의 심리학

우리는 앞의 Ⅱ부에서 고금(古今)의 심리학 이론과의 대화를 통해 하나님의 영과 마음의 상관관계에 대해 고찰해 보았다. 계속해서 Ⅲ부에서도 심리학적 관점에서 성경을 읽으면서 그 성경이야기들 속에 내포된 심리학을 도출해보려 한다. 이 성경에 내포된 심리학은 이 책 제목이기도 한 '하나님 얼굴의 심리학'이다.

하나님의 얼굴

얼굴을 뜻하는 히브리어 '파님(פנים)'은 구약성경에만 활용형들을 포함하여 2천 번 이상 나올 만큼 중요한 단어이다. 이 말은 '얼굴'이란 뜻 외에도 '대면하다,' '~면전에,' '~표면에' 등 여러 파생적 의미로 사용된다. 특히 구약성경에서 이 말은 **"하나님의 얼굴"**(시 24:6)이나 **"하나님과 대면하여"**(창 32:30) 같이 하나님에 관한 표현에 많이 사용된다. 예컨대 시편을 보면 이 '하나님의 얼굴'이란 표현이 다음처럼 시편기자의 심리적 상태와 밀접하게 연결돼 있는 것을 알 수 있다.

> 여호와여 주의 은혜로 나를 산 같이 굳게 세우셨더니 주의 얼굴을 가리시매 내가 근심하였나이다(시 30:7).
> 내 영혼이 하나님 곧 살아 계시는 하나님을 갈망하나니 내가 어느 때에 나아가서 하나님의 얼굴을 뵈올까(시 42:2)
> 즐겁게 소리칠 줄 아는 백성은 복이 있나니 여호와여 그들이 주의 얼굴 빛 안에서 다니리로다(시 89:15)
> 나의 괴로운 날에 주의 얼굴을 내게서 숨기지 마소서(시편 102:2)

위 구절들에서 볼 수 있듯이 '하나님의 얼굴'은 시편기자의 기쁨과 만족의 근원이다. 반면 그 얼굴을 잃어버리는 것은 근심과 절망의 원인이 된다. 중요대상의 얼굴이 이처럼 그 얼굴을 대하는 사람의 심리 상태와 밀접한 연관성이 있다는 사실은 유아심리학자들의 연구를 통해서도 확인된 바 있다. 일례로 참조할 수 있는 것이 에드워드 트로닉(Edward Tronick)의 '무표정 실험(still face experiment)'이다. 이 실험에서 유아는 자신과 행복하게 놀아주던 엄마가 갑자기 무표정한 얼굴로 바뀌자 "심히 분노하거나 위축되면서 갑자기 우울해지는 감정적 철수 반응을 보였다." 그러다가 다시 그 엄마가 평소의 얼굴로 돌아오자 "유아들은 극적이라 할 만치 다시 환하게 웃으며 기쁨의 환성을 질렀다.”[1] 우리는 엄마의 얼굴에 대한 유아들의 이런 극적인 반응이 시편에서 시편기자가 하나님의 얼굴에 대해 보이는 반응, 예컨대 시편 89편의 **“즐겁게 소리치는”** 반응과 매우 유사하다는 사실을 알 수 있다. 이 역시 앞에서 강조한 것처럼 하나님과의 관계가 인간상호관계와 깊이 서로 연결되어 있다는 사실을 말해주는 것이다.

'하나님의 얼굴'을 우리가 심리학의 용어로 번역한다면 아마 코헛의 '자기대상(selfobject)'으로 가장 잘 번역될 수 있을 것이다. 하나님의 얼굴은 첫째 이스라엘백성이 하나님의 택함을 받은 존귀한 백성이라는 사실을 확인해주는 거울이다. 하나님 얼굴빛은 하나님이 그들을 싫어 버리지 않으셨다는 사실을 확인해준다. 그래서 시편기자는 하나님께서 그 얼굴빛을 비추실 때 일어나는 **“마음의 기쁨이 그들**(세상사람들)**의 곡식과 새 포도주가 풍성할 때보다 더하며 내가 평안히 눕고 자기도 하리”**(시 4:7-8)라고 고백한다.

하나님의 얼굴은 또한 두 말할 것 없이 이상적 부모의 이미지이다. 다윗이 그의 대적에게 쫓겨 다닐 때 힘든 심경을 토로한 시편 27편에서 다윗은 하나님 얼굴을 자신의 육신의 부모보다 더 신뢰할 만한 대상이라고 고백한다.

> 내가 마음으로 주께 말하되 여호와여 내가 주의 얼굴을 찾으리이다 하였나이다. 주의 얼굴을 내게서 숨기지 마시고 주의 종을 노하여 버리지 마소서 주는 나의 도움이 되셨나이다 나의 구원의 하나님이시여 나를 버리지 마시고 떠나지 마소서. 내 부모는 나를 버렸으나 여호와는 나를 영접하시리이다(시 27:8-10).

다른 시편들에서 그의 하나님은 그의 **"피난처"**(시 46:1)이자 **"산
성"**(시 31:3)이며 **"피할 바위"**(시 18:2)이시다. 이런 시편의 표현들은
다윗이 두렵고 불안할 때 그 하나님의 얼굴이 얼마나 그에게 큰 위로
와 힘이 되었는지 말해준다.

구약성경에서 '하나님 얼굴'은 이처럼 많은 경우 이상적 부모상이
나 자신을 반영해주는 거울로 경험되는 한편, 신약에서 예수 그리스도
의 얼굴은 우리의 '쌍둥이 대상,' 또는 '또다른 나'의 얼굴로 경험된다.
예컨대 다음 구절에서와 같이 세상에서 거절당하고 핍박당하신 그리
스도의 얼굴은 우리들 자신의 현재 모습을 비춰주는 거울이다. **"이왕
에는 그 얼굴이 타인보다 상하였고 그 모양이 인생보다 상하였으므로
무리가 그를 보고 놀랐거니와…"**(사 52:14). 신약성경에서 이런 인간
적인 그리스도의 얼굴을 겟세마네 동산에 엎드려 기도하는 그에게서
다시 발견할 수 있다(눅 22:44-45). 잠든 제자들에게 **"어찌하여 자느
냐"** 호소하시는 그의 얼굴에서 우리는 외롭고 힘든 인생길의 동반자를
발견한다.

이상에서 살펴본 것처럼 하나님의 얼굴은 심리적 측면에서 보면
자기심리학에서 말하는 자기대상으로 잘 설명될 수 있다. 이것은 역으
로 그 하나님 얼굴을 잃어버린 현실이 심리적 차원에서 그런 자기대상
을 잃어버린 상태로 해석될 수 있다는 뜻이다. 그러면 이제 하나님과
관계가 깨어진 사람들의 고통이 어떻게 그러한 자기대상의 상실로 설
명되는지 계속해서 성경을 통해 확인해보도록 하자. 먼저 살펴볼 사람
들은 창세기 3~5장에 나오는 최초의 인간들이다.

     III. 성경 속의 심리학 - 성경과의 대화

불신, 그리고 하나님 같이 되려는 욕망

성서학에서 흔히 원역사(Urgeschichte)라고 일컬어지는 창세기 1~11장의 이야기는 실제 역사 그대로의 기록이라기보다 일종의 상징적 서사로 봐야 한다는 것이 여러 신학자들의 견해이다.[2] 그렇다면 사실적인 역사가 아닌 이런 상징적 서사를 심리학적으로 분석한다는 것이 과연 어떤 의미가 있을까? 우선 우리가 아는 사실은 그럼에도 불구하고 지금까지 많은 학자들이 이 창세기 이야기를 심리학적 관점에서 분석해보려고 시도해 왔다는 사실이다. 아마도 그 이유는 실제 사실여부와 상관없이 수천년 동안 수많은 사람들의 입에 회자되어온 이 태고적 이야기가 인간에 대한 어떤 근본적 진실을 내포하고 있다고 믿기 때문일 것이다. 역시 동일한 믿음을 가진 사람으로서 필자가 여기 덧붙이고 싶은 점은 이 창세기 기록이 오늘날 우리에게까지 전해지게 한 것이 하나님이실진대 이 이야기 속에는 필시 역사적 사실성을 넘어서는 모종의 중요한 '진실'이 내포되어 있으리라는 것이다. 왜냐하면 하나님께서 진실이 아닌 것을 통해 우리에게 당신에 관한 진리를 말씀하고 계실 리 없기 때문이다.

그러면 창세기 3~5장의 이른바 인간의 타락기사 속에 숨겨져 있는 그 진실이란 어떤 것일까? 우리는 그것이 만일 문자 그대로의 사실이 아니라면 그런 문자 이면에 감춰진 어떤 함축적 진실이라고 볼 수밖에 없다. 즉 **"여자가** (뱀의 말을 듣고) **열매를 따 먹었다"**(창3:6), **"하나님의 낯을 피하여 나무 사이에 숨었다"**(창3:8) 같은 표현들이 문자 그대로 사실적 행동이라기보다 그 이면에 감춰진 어떤 내적 진실을 표현하고 있다는 것이다. 우리가 그 행동 이면에 감춰진 진실을 인간 내면

의 진실이라고 본다면 위 구절들은 그러한 내면의 진실을 드러내는 상
징적 표현으로 읽을 수 있다. 우리가 이 창세기 3장의 표현들을 이렇게
가정하면서 그것을 오늘날 흔히 사용하는 심리학적 언어로 고쳐 써보
자면 다음과 같이 된다.

> 4~5절: 여자가 하나님에게 불신을 품었다.
>
> 6절: 여자가 하나님과 같아지려는 욕망에 사로잡혔고 그 욕
> 망을 '선악과'에 투사하여 행동화했다. 남자도 여자의 유혹에
> 따라 동일하게 행동했다.
>
> 7~8절: 여자 남자 모두 자신에 대해 수치심을 느끼고 자신
> 을 숨기려 했고 하나님과의 관계로부터 철수했다.

이렇게 창세기 3장을 고쳐놓고 볼 때 우리가 알 수 있는 것은 이것
이 비단 수천년전 과거만 아니라 오늘날에도 동일하게 반복되고 있는
심리내적 사건이며 비단 하나님과 인간 관계에서만 아니라 인간상호
관계에서도 끊임없이 반복되는 관계적 문제라는 점이다. 그러면 이렇
게 오늘날까지, 그것도 하나님과의 관계에서만 아니라 인간상호관계
에서도 반복되는 이 관계적 문제의 핵심은 무엇인가? 그것은 첫째 '불
신'이라고 할 수 있다.

심리학에서 '불신(mistrust)'은 에릭 에릭슨(Erik Erikson)이 생
후 최초로 부모와의 관계에서 발생한 심리적 위기를 설명할 때 사용한
말이다. 에릭슨에 의하면 갓 태어난 아기는 엄마와의 관계에서 '기초적
신뢰(basic trust)'를 형성하는 것이 매우 중요한데, 그 이유는 그런 기
초적 신뢰가 이후 이어지는 인생의 전과정에서 건강한 인간관계를 맺

는 데 기초가 되기 때문이다. 그러므로 태어난 지 채 1년도 안 된 아기가 이미 엄마와의 관계에 불신을 경험한다는 것은 안타깝지만 그 인생의 초석에 금이 간 것과 같은 문제라 할 수 있다. 그런데 이런 관점에서 우리가 창세기 3장을 읽으면 그 이야기가 곧 인류가 그 역사의 신생아기부터 이미 그들의 주양육자와 사이에 균열이 일어난 사실을 보도하고 있다는 것을 알게 된다. 인간의 타락이란 요컨대 이처럼 하나님과의 관계가 그 시작부터 깨어진 사건이라 말할 수 있다.

성 아우구스티누스(St. Augustinus)는 하와와 아담의 타락이 **"하나님 같이"**(창 3:5) 되려는 욕망에 기인했다고 말한다.[3] 그러나 사실인즉 하나님은 우리가 하나님 같이 되기를 원하신다. 우리가 하나님이신 **"그의 형상을 이루는 것"**(갈 4:19)이 우리를 향한 하나님의 궁극적 목적인 것이다. 그렇다면 하와가 '하나님 같이' 되려 한 것이 대체 어떤 점에서 문제였다고 봐야 할까? 문제의 핵심은 요컨대 '하나님을 떠나서' 하나님 같이 되려 한 데 있다고 할 수 있다. '하나님을 떠나서' 하나님 같이 되려 하는 문제에 대해 좀더 깊이 이해하기 위해 우리는 다시 심리학의 논의를 참조할 수 있다.

하나님 같이 되려는 욕망은 '과대자기 욕구(grandiose self needs)'라는 자기심리학의 개념으로 설명할 수 있다. 과대자기 욕구란 유아가 원래 가진 원초적 환상을 지칭하는 말인데, 프로이트의 용어로는 '원초적 자기애,' 위니콧의 용어로는 '유아적 전능환상'에 해당한다. 그런데 이런 원초적 자기애 내지 자기애적인 전능환상은 그 자체로는 잘못된 것이라 할 수 없는, 유아의 타고난 본능이다. 기독교적 관점에서 이것은 그 아이가 모태에서부터 하나님 품에 안겨 있으면서 갖게 된 '이상적 대상'과 '이상적 자기'에 대한 환상이라 할 수 있다. 출생이후 좋은 엄마아빠는 이런 유아적 환상을 적절히 반영해 주는 동시에 적절히 좌절시켜줌으로써 유아가 건강한 현실적 자아를 형성할 수 있도록 돕는다. 적절히 반영해준다는 것은 좋은 거울자기대상이 되어 유아의 과대자기 욕구를 충족시켜준다는 의미이다. 예컨대 "와, 우리 아들이 이걸 만들었어요?" 라고 감탄해주는 것이 그 같은 반응이다. 부모의 이런 거울반응이 중요한 이유는 그것이 아이의 건강한 자존감을 형성하는 기초가 되기 때문이다. 한편 부모는 동시에 유아의 그런 자기애적 환상을 적절히 좌절시켜 줄 필요가 있다. 그 이유는 유아가 그런 좌절의 경험을 통해 자기의 한계를 깨달으면서 보다 현실적이면서도 건강한 자아를 발달시켜갈 수 있기 때문이다.

그런데 부모와의 관계에서 이런 건강한 자아를 발달시켜야 할 유아가 이미 신생아기부터 그 부모에 대해 불신을 품게 된다면 어떻게 될까? 그 아이는 부모와의 관계에서 심하게 위축되어 마음 문을 닫아버릴지 모른다. 그러면 원래 자연스러운 것이었던 그 아이의 과대자기 욕구는 그 아이의 자폐적 세계 속에서 계속해서 비현실적인 나르시시즘으로 발전할 수 있다. 혹은 자기 욕구를 반영해주지 않는 세상에 대한 분노로 바뀌어 파괴적인 공격성을 띨 수 있다. 문제는 이런 나르시시즘적 환상과 공격성이 비단 유아기에 그치지 않고 성인의 심리세계까지 지배할 수 있다는 사실이다. 그런 환상과 공격성이 투영된 인간관계가 건강한 관계가 되기 어려울 것은 두 말할 나위 없다.

영리한 독자들은 이미 여기서 동산 나무 사이에 숨은 아담과 하와를 연상하고 있을지 모른다. 혹은 동생 아벨을 쳐죽이는 가인을 연상할 수도 있다. 그들이 이렇게 된 원인은 근본적으로 하나님 같이 되려는 욕망 이전에 그 하나님에 대한 '불신'을 품은 데 있다. 뱀의 목적은 우선 이렇게 그들이 하나님에 대해 불신을 품음으로써 하나님과 단절되도록 만드는 것이었다. 그래서 결과적으로 그들이 '하나님을 떠나서' 스스로 하나님 같이 되려는 욕망을 품게 한 것이다. 하나님 같이 되려는 욕망은 이런 의미에서 불신의 원인이 아니라 결과라고 볼 수 있다.

한편 '하나님을 떠나서' 하나님 같이 되려는 사람들은 창세기에만 아니라 오늘날에도 다양한 모습으로 나타난다. 호모 데우스를 꿈꾸는 과학지상주의자, 사람들을 자기 뜻대로 조종하려는 종교지도자나 정치가, 대중의 인기에 중독된 연예인, 환각제를 통해 황홀경을 추구하는 쾌락주의자에 이르기까지 그들은 실로 다양한 곳에서 다양한 모습으로 나타난다. 그들의 선악과 역시 '과학,' '종교,' '권력,' '아름다움,' '인기,' '부(富),' '성적 만족' 등 다양한 것일 수 있다. 선악과가 하나님의 피조물로서 원래 악한 것이 아니었듯이 오늘날의 선악과들도 대부분 본질적으로 악한 것이 아니다. 다만 하나님이 지으신 것을 하나님을 떠나서 하나님처럼 추구하는 것이 타락의 본질인 것이다.

수치, 분노, 그리고 불안

에릭슨에 따르면 유아의 불신은 외부세계에 대한 의심, 그리고 결과적으로 자기자신에 대한 의심과 수치심으로 이어진다. 우리는 바로 이러한 의심과 수치심을 범죄이후 **"하나님의 얼굴을 피하여 숨은"** (창 3:8) 아담과 하와에게서 발견할 수 있다. 그들이 하나님 얼굴을 피해 숨었다는 것은 그들이 하나님을 불신한 결과 그들 자신을 비춰줄 자기대상을 잃어버렸다는 뜻이다. 그들은 이렇게 하나님 얼굴을 피해 숨음으로써 그들의 진정한 가치를 반영해줄 거울을 잃어버렸을 뿐 아니라 그들에게 보호와 안정감을 제공해줄 이상적 부모를 잃어버렸다. 그 결과 그들은 세상에서 두려움에 사로잡혀 살게 되었으며(창 3:10) 동시에 그들 자신에 대해서도 의심과 수치심을 품고 살게 되었다.

에릭슨에 따르면 수치심이란 "자신의 노출된 상태를 세상이 주목하지 못하게 만들고 싶은 충동"이다.[4] 이것이 의미하는 바는 수치심이 건강한 반영적 대상을 잃어버린 상태라는 점이다. 즉 자신을 사랑스럽고 자랑스러운 존재로 비춰줄 거울을 잃어버렸기 때문에 스스로 그렇게 자신을 사랑스럽고 자랑스럽게 여길 줄 모르게 된 것이다. 그래서 결국 자신을 비난할 줄 밖에 모르게 된 그들은 세상으로부터 숨어 자신을 감추고 싶어한다. 또는 그 자신을 바라보는 "세상의 시선을 파괴해버리고 싶어" 한다.[5]

수치심이 "세상의 시선을 파괴해버리고 싶은 충동"이라는 에릭슨의 말에서 우리는 그것이 코헛이 말한 '자기애적 분노(narcissistic rage)'와 일맥상통한 개념이라는 것을 알 수 있다. 자기애적 분노란 자신의 반영 욕구를 충족시켜 주지 않는 대상에 대해 강한 파괴적 충동을 품는 것이다. 우리는 바로 이 같은 충동을 아벨을 살해하는 가인에게서 발견할 수 있다. 가인은 왜 아벨을 그렇게 죽였을까? 가인의 분노는 아벨을 향한 것이기 전에 먼저 하나님을 향한 분노였다. 하나님께서 그의 제물을 받지 아니하셨기 때문에 가인은 하나님을 향해 분노를 품었던 것이다(창 4:5). 그러나 그는 그런 분노를 감히 하나님께 쏟아내지 못하고 동생 아벨에게 전치시켰다.

우리는 그러므로 가인의 범죄의 원인제공자는 하나님이라고도 볼 수 있다. 그러나 우리가 지금 창세기 이야기를 객관적 사실의 기록보

     III. 성경 속의 심리학 - 성경과의 대화

다는 함축적 진실의 서사로 읽고 있다는 점을 다시 기억하자. 이런 견지에서 우리가 보다 주목할 점은 쌍방간 과실 소재보다 서로간의 관계 단절이 어떻게 시작되었느냐 하는 점이다. 창세기 4장 6절을 보면 분노하여 안색이 변한 가인에게 하나님께서 이렇게 물으신다. **"네가 어찌하여 얼굴을 들지 못하느냐? 선을 행하지 아니하면 죄가 문에 엎드려 있느니라."** 여기서 볼 수 있는 것은 가인이 이미 그 살해사건 이전부터 하나님과 온전한 신뢰관계를 맺지 못하고 있었다는 사실이다. 만일 하나님과의 관계에서 충분한 신뢰가 형성돼 있었다면 가인은 아마도 얼굴을 들고 이렇게 하나님께 따졌을 것이다. "왜 아벨의 제물은 받으시면서 나의 제물은 받지 않으신 것입니까?"

오늘날에도 삶에 불만을 가지고 하나님께 나아와 그 불만을 토로하는 사람이 그렇게 하지 않는 사람보다 더 건강한 사람임이 분명하다. 하나님의 얼굴을 찾지 않고 그 얼굴을 피해 숨는 사람은 결국 가인처럼 죄의 충동에 사로잡히게 된다. 여기서 죄의 충동이란 하나님을 떠나 스스로 하나님 같이 되려는 욕망을 뜻한다. 예컨대 사울은 사람들을 자기 지배하에 붙들어 두기 위해, 또는 전쟁에 승리하여 자기의 영광을 나타내기 위해 하나님께 제사를 드렸다(삼상 13:11-12). 이렇게 하나님께 제사를 드렸지만 정작 그 마음에는 하나님이 없었다. 그는 하나님 없이 스스로 하나님같이 되려 한 것이다. 우리는 나중에 이런 사울이 자신이 받을 영광을 빼앗은 자라고 여기며 다윗을 죽이려 한 사실을 알고 있다. 바로 그가 자신의 분노를 타인에게 전치한 또 한 명의 가인이었던 것이다. 가인이 하나님께 얼굴을 들지 않았던 것처럼 사울 역시 거듭되는 회개의 촉구에도 하나님께로 돌아오지 않았다.

결국 이후 전쟁에 참패한 사울은 자신의 칼 위에 엎드려져 자결하는 비참한 최후를 맞는다. 자신의 영광만 추구하다가 결국 실패하자 극심한 좌절감에 빠져 그것을 자신에 대한 공격으로 행동화한 것이다. 여기서 우리는 자기애적 분노가 그 자신에게로 전향될 수 있다는 사실을 볼 수 있다. 오늘날에도 수많은 사람들이 이처럼 자기 욕망의 좌절로 인한 분노를 자학이나 자살로 행동화하곤 한다. 한편 이런 극단적 행위로까지 이어지지 않더라도 여전히 내면에서 그런 자기애적 분노를 자신에게로 전향하는 사람들이 있다. 바로 자포자기적으로 자기방치나 사회적 고립, 중독에 빠져 사는 사람들이 그들이다.

수치심이나 자기학대는 본질상 자기자신에게로 향한 분노라고 할 수 있다. 그리고 이 역시도 좌절된 자기애적 욕구의 왜곡된 표현이라 할 수 있다. 사람들은 세상 사람들 앞에 자신을 증명해 보임으로써 자신의 자기애적 욕구를 충족 받으려 하지만 그것이 뜻대로 되지 않을 때 그 좌절감을 자기비난이나 자기학대로 나타낸다. 이렇게 무의식적 자기비난이나 자학과 연결된 정신질환 중 하나가 우울증이다. 우울증은 또한 많은 경우 자신을 사회적으로 고립시키는 방식으로 나타난다. 사람들과 마주치기를 피하며 숨는 행동이 그것이다. 이것은 수치심에 기인한 행동으로 온세상이 자신을 비난하거나 거부한다고 느끼는 사람들의 반응이다. 이 역시 자신에 대한 분노감정을 타인에게 투사하는 것과 짝을 이루는 반응이다.

우울증을 겪는 사람들은 종종 자신에 대한 분노를 밖으로 투사하여 세상에 대한 적개심을 나타낸다. 역으로 이런 세상에 대한 분노가 자기학대로 전치되어 나타나는 것은 세상에 대한 적개심과 자기학대가 동전의 양면임을 말해준다. 자학적인 사람들은 대개 자신에 대한 분노와 세상에 대한 공격성을 동시에 가지고 있다. 가인이 아벨을 살해한 것이 바로 그런 공격성의 표현이라고 볼 수 있다. 우리가 이런 가인에게서 볼 수 있는 또 한 가지 특징은 그렇게 공격적인 자신을 다른 사람들과 투사적으로 동일시하는 것이다. 그는 동산 밖으로 쫓겨나며 하나님께 이렇게 호소한다. **"주께서 오늘 이 지면에서 나를 쫓아내시온즉 내가 주의 얼굴을 뵈옵지 못하리니 내가 땅에서 피하며 유리하는 자가 될지라. 무릇 나를 만나는 자마다 나를 죽이겠나이다"** (창 4:14).[6]

우리는 가인의 이 말에서 두 가지 진실을 발견할 수 있다. 첫째 세상에 대해 공격성을 품은 사람은 그 자신 역시 그런 공격을 받을 것이 두려워 불안해한다는 사실이다. 이것은 오늘날 사람들 개개인의 불안심리만 아니라 사회전체에 만연한 불안심리를 설명해준다. 예컨대 오늘날 한국사회에는 신뢰와 협력보다 상호불신과 경쟁이 만연하고 있다. 그로 인해 사람들은 다른 사람들을 믿지 못할 뿐 아니라 그 자신 역시 사람들에게 그렇게 불신과 미움을 받을 것이라는 강박적 불안에 사로잡혀 살아간다. 여기서 우리는 사회적 차원에서도 기초적 신뢰의 상실이 의심과 불안의 고통을 양산하는 것을 볼 수 있다.

위의 가인에게서 발견할 수 있는 또 한 가지 진실은 현실에서의 불안과 방황이 근원적으로 하나님의 얼굴을 잃어버린 데 기인한다는 사실이다. 가인은 자신이 땅에서 평안을 찾지 못하고 방황할 수밖에 없는 것이 그가 더 이상 하나님 얼굴을 뵙지 못하기 때문이라는 사실을 알고 있다. **"주께서 오늘 이 지면에서 나를 쫓아내시온즉 내가 주의 낯을 뵈옵지 못하리니…"** (창 4:14). 이것은 자기 인생의 근본적 문제가 어디서 기인하는지 자기도 모르게 통찰하고 있는 모습이라 할 수 있다. 이 가인과 마찬가지로 현실에서 우리가 겪는 불안과 고통의 원인은 근본적으로 경제적 문제나 사회적 문제에 있지 않다. 그 근본원인은 영적인 문제에 있으며 바로 하나님의 얼굴을 잃어버린 데 있는 것이다.

　어떤 상황에서도 자신을 지켜 주시며 자신을 사랑하시는 하나님의 얼굴을 바라보는 사람은 쉽게 불안해하거나 방황하지 않는다. 그러므로 사람들이 불안해하며 세상에서 안정감을 누리지 못하는 이유는 근본적으로 하나님의 얼굴을 잃어버렸기 때문이라 할 수 있다. 하나님의 얼굴을 바라보지 못하기 때문에 사람들은 자신이 세상에서 버려졌다고 생각하며 자신을 사람들이 적대시하고 해하려 한다고 느낀다. 하나님과의 관계가 깨어진 사람은 이렇게 사회적 관계에서도 불안을 안고 산다. 그리고 이렇게 사회적 불안을 안고 사는 사람은 생업현장에서도 생산성을 발휘하기 어렵다. 생산성은 신뢰와 안정감에 기반하는 것이기 때문이다. 하나님은 가인에게 **"네가 땅에서 저주를 받으리니 네가 밭을 갈아도 땅이 다시는 효력을 네게 주지 아니할 것이라"**(창 4:11-12) 말씀하셨다. 이것은 흔히 생각하듯 하나님께서 가인을 저주하신 것이 아니라 가인이 하나님을 떠남으로 스스로 자초한 결과에 대해 말씀하고 있는 것이다. 하나님과의 관계는 이 세상과의 관계와 서로 맞물려 있기 때문에 하나님과의 문제는 세상에서의 문제로 이어질 수밖에 없다. 그런데 이렇게 세상과의 관계가 하나님과의 관계와 이어져 있다는 사실에 내포된 희망은 곧 하나님과의 문제가 풀어질 때 세상에서 그들이 겪는 문제도 함께 풀어질 수 있다는 것이다. 이것이 바로 모든 **"피조물이 하나님의 아들들이 나타나는 것을 고대한다"**(롬 8:19)는 말씀에 내포된 함의이다.

불안과 집착

많은 철학자들이 하나님의 얼굴을 잃어버린 인간, 그래서 세상 속에서 방황하는 인간의 실존적 불안에 대해 이야기한다. 그런데 이런 실존적 불안을 겪는 사람들 중에 프레드리히 니체(Friedrich Nietzsche)가 주장한 것 같이 '초인(超人)'으로 사는 사람은 거의 없다. 대신 대부분의 사람들은 그 불안을 견디기 위해 무언가 또는 누군가에 의지하거나 집착하며 산다. 여기서 무언가 또는 누군가는 역시 하나님을 대체하는 어떤 대상이다. 그중 대표적인 것이 역시 하나님의 형상인 다른 사람이다.

사람에 대한 집착은 물론 -예컨대 사울에게 볼 수 있는 것처럼- 대중적 인기나 사람들의 반응에 대한 집착일 수도 있지만 그보다는 가족 같은 친밀한 관계에서의 집착으로 많이 나타난다. 성경을 보자면 창세기 12장 이후 이른바 족장들의 가족사에서 반복되는 문제가 바로 이런 것이다. 우리가 이 족장들의 가족사에서 발견할 수 있는 집착의 주된 형태는 오늘날에도 역시 그런 것처럼 자녀에 대한 집착이다. 하나님이 그런 것처럼 자녀 역시 일종의 자기대상 역할을 한다. 부모가 자녀에게 자기대상인 것 못지 않게 자녀 역시 부모에게 자신의 가치와 안정감을 제공하는 중요한 자기대상일 수 있다. 특히 족장시대에는 자녀 외에 별다른 사회적 안전기반이 없었기 때문에 아무리 가산이 많아도 노후에 자녀가 없는 사람은 스스로 '벌거벗은 자'라 느낄 수밖에 없었다. 창세기 15장 2절에서 아브람이 하나님께 자신은 **"자식이 없다"**고 한 말은 히브리어로 '아리리 (עֲרִירִי),' 즉 벌거벗은 자라는 뜻이다.

오늘날에도 역시 그렇지만 자녀는 그 부모의 마음 속에 하나님의 강력한 경쟁자로 자리할 수 있다. 하나님은 아브람에게 하나님 자신이 그의 **"큰 보상"**이라고 말씀하셨지만(창 15:1), 사실 아브라함에게 있어 백세에 얻은 그 아들만큼 그의 인생에 큰 보상으로 느껴지는 존재는 없었다. 아브람이 가나안으로 온 것은 그로 하여금 큰 민족을 이루겠다는 하나님의 약속을 붙들었기 때문이다. 이것은 아마도 미약한 이방인으로 살던 그가 그런 자신의 결핍을 강대한 후손을 얻음으로써 보상받고 싶어서였을 것이다. 이런 그가 단순히 하나님만 바라보며 살았다고 보기 어려운 이유는 그의 부부가 하갈을 대리모로 들이는 방법을 통해서라도 그런 후손의 보상을 앞당기려 했기 때문이다.

자녀가 하나님의 강력한 경쟁자가 되는 이유는 아마도 하나님에 비해 자녀가 가진 즉물성(卽物性) 때문일 것이다. 하나님의 약속은 미래시제인 데 반해 자녀는 지금 바로 눈앞에 있는 존재이다. 이를테면 유아가 쥐고 있는 인형과 같은 실체인 것이다. 문제는 이런 손 안에 쥔 대상에만 집착하는 것이 우리 인격과 신앙의 성숙을 방해할 수 있다는 점이다. 그에 반해 하나님의 약속은 미래시제이기 때문에 우리가 그것이 실현되기까지 믿음과 인내를 기를 수밖에 없다. 이를 위해 하나님은 우리가 집착하는 자녀를 때로 우리 손에서 취해 가신다. 아브라함에게 하나님은 이삭을 번제로 드리라고 요구하셨으며, 야곱에게서는 총애하던 아들 요셉을 취해 가셨다.

한편 야곱이 집착한 것은 단지 자녀만 아니라 자신의 소유였다. **"나는 언제나 내 집을 세우리이까"**(창 30:30)라는 그의 항변에서 그런 집착을 엿볼 수 있다. 여기서 '집'은 그의 가족, 가축과 재물 등 모든 것을 포함하는 그의 소유를 의미한다고 볼 수 있다. 야곱이 이렇게 소유에 집착하는 사람이 된 것은 근본적으로 그의 열등 콤플렉스에 기인한 것이라 추측된다.

열등 콤플렉스는 알프레드 아들러(Alfred Adler)의 용어로 자신이 남들에 비해 어딘가 부족하다는 느낌을 뜻한다. 이러한 열등 콤플렉스는 신체적 결함을 위시하여 가족관계, 인종, 계급, 성별 등 다양한 요인에 기인한 것일 수 있다. 사래나 라헬이 아들에 집착한 이유는 당시 가부장적 사회에서 여성이 처한 사회적 위치와 관련이 있을 것이다. 사래의 경우는 거기에 더해 데라의 후처 소생이라는 열등의식이 작용했을 가능성이 있다. 이와 달리 라헬의 경우는 언니 레아와의 비교의식이 작용했다고 볼 수 있다.

한편 야곱의 경우는 그의 형 에서에 대한 열등 콤플렉스가 주된 요인이었다. 이런 야곱의 열등 콤플렉스는 형처럼 남성적이고 활달하지 못한 자신에 대한 결함의식인 동시에 자신을 외면하고 항상 형을 향했던 아버지로부터의 거절감이었다. 다시 말해 그의 열등 콤플렉스는 대개의 열등 콤플렉스가 그런 것처럼 역시 자기대상의 상실로 말미암은 문제였다.

그 아버지의 얼굴이 항상 형을 향했던 까닭에 야곱의 마음에는 빈자리가 있었다. 그리고 그렇게 생겨난 빈자리를 남부럽지 않게 자기 집을 세우는 것으로 대신 채우려 했다. 사실 처음에는 하나님조차도 이런 그의 목적을 이루기 위한 수단에 지나지 않았다. 벧엘에서 야곱은 마치 자신의 목적을 위해 하나님과 계약을 맺는 것처럼 이렇게 말한다. "**하나님이 나와 함께 계셔서 내가 가는 이 길에서 나를 지키시고 먹을 떡과 입을 옷을 주시어 내가 평안히 아버지 집으로 돌아가게 하시오면 여호와께서 나의 하나님이 되실 것이요**"(창 28:20-21). 여기서 "**되실 것이요**"라는 미연형(未然型)의 표현에서 드러나는 것은 아직 하나님이 그 자신의 하나님이 아니라는 태도이다. 그는 아직 하나님보다 자신의 안정과 소유를 더 우선시하고 있었다. 이런 그의 태도는 얍복강가에서 홀로 하나님을 대면하게 될 때까지 계속된다.

사실 얍복강가의 야곱은 이미 그가 과거 이곳을 지날 때 품었던 목적을 거의 다 이룬 상태였다. 그는 이미 여러 처자식과 종들, 수많은 짐승과 재물을 소유한 부자였다. 그러나 그렇게 많은 소유에도 불구하고 형에 대한 그의 열등의식이나 두려움은 여전히 해결되지 않은 상태로 남아 있었다. 바로 이런 자신의 실상을 그가 뼈저리게 직면할 수밖에 없었던 곳이 얍복강가이다. 얍복강가에서 야곱은 여전히 벌거벗은 자신의 실상을 마주했다.

야곱은 그 얍복강가에서 그렇게 벌거벗은 상태로 하나님을 '대면'했고 그 하나님께 매달렸다(창 32:30). 하나님은 그곳에서 창세기 32장 30절 표현대로 죽은 그를 **"다시 살리셨다."** 그의 내면을 소성시키신 것이다. **"브니엘,"** 즉 '하나님의 얼굴'이라고 이름한 곳에서 그는 어린 시절 그토록 찾았지만 찾을 수 없었던 이상적 아버지의 얼굴을 만났다. 그것은 아무것도 아닌 자신, 열등감과 두려움만 가득한 자신을 패배자가 아니라 '승리자'라 부르시며 붙잡아 일으키시는 하나님의 얼굴이었다. 얍복강가에서 그가 그렇게 만난 하나님의 얼굴이 죽은 그를 다시 살렸다.

이튿날 야곱은 형 에서를 만나 **"형의 얼굴을 뵌즉 하나님의 얼굴을 본 것 같다"**고 고백한다(창 33:10). 이것은 지난밤 그가 만난 하나님의 얼굴이 그의 내면에 남아 그 형의 얼굴에도 투영되고 있었음을 의미한다. 여기서 우리는 하나님과의 관계가 풀어지자 인간관계도 따라서 풀어지기 시작하는 것을 볼 수 있다. 야곱만 아니라 우리 모두의 삶에서 이렇게 하나님과의 관계의 문제해결은 인간관계의 문제해결과 서로 연결되어 있다.

물론 이후 야곱의 행적을 따라가면 그 한번의 하나님 경험만으로 그의 인간적인 성품과 삶의 방식이 전부 달라진 것은 아님을 알 수 있다. 편애의 희생자였던 그는 여러 아들 중 유독 요셉만을 편애함으로 그 자신이 겪은 상처를 대물림한다. 그리고 이로 인해 그 가족만 아니라 자신조차도 결과적으로 많은 고통을 겪게 된다. 그럼에도 불구하고 우리는 그가 노령에 이르기까지 자식에 대한 집착을 내려놓지 못하는 모습을 볼 수 있다. **"내 아들은 너희와 함께 내려가지 못하리니 그의 형은 죽고 그만 남았음이라 만일 너희가 가는 길에서 재난이 그에게 미치면 너희가 내 흰 머리를 슬퍼하며 스올로 내려가게 함이라"** (창 42:38). 인간은 이처럼 한 번에 쉽게 바뀌는 존재가 아니다. 그러나 우리는 얍복강 이후 야곱이 인생의 결정적인 순간마다 눈을 들어 **"나의 가는 길에 나와 함께하신 하나님"** (창 35:3)을 바라보는 모습을 발견할 수 있다.

폭력과 성(性)

족장들의 가족사에서 발견되는 아이러니 중 하나는 아버지의 인정을 바랐지만 외면당했던 아들이 자신의 아들들 역시 자신과 마찬가지로 아버지에게 외면당하는 아들들로 만들었다는 사실이다. 야곱이 바로 그러했다. 그 아버지 이삭이 에서를 편애한 것처럼 야곱은 요셉을 편애했다. 그리고 그에게서 외면당한 아들들은 과거 야곱이 그랬던 것처럼 마음에 빈자리를 가지고 자랐다. 그리고 아마도 그러한 심리적 결핍으로 인해 그들의 일탈적 행동이 시작됐을 것이다.

우선 야곱의 본처인 레아의 소생 중 둘째와 셋째, 시므온과 레위는 폭력적이었다. 이런 그들의 폭력성은 후에 요셉을 죽이려는 모의에서도 드러나지만, 그 이전에 세겜부족을 속여서 살해하는 잔학성에서 잘 드러난다. 이런 시므온과 레위의 폭력성은 그들 안에 감춰진 자기애적 분노의 전치였다고 해석할 수 있다. 즉 아버지에게 차별당해서 쌓인 분노가 그 동생에게 전치되어 나타났을 뿐 아니라 세겜부족의 응석받이인 세겜에 대해서도 전치되어 나타났던 것이다. 어쩌면 그들은 세겜에게 추행당한 여동생에게서 외조부와 아버지에게 이용당한 그들의 친모를 보았던 것인지도 모른다.

폭력적인 시므온과 레위에 비해 장자 르우벤과 넷째 유다는 좀더 온건한 성품의 소유자들이었다. 형제들의 손에서 요셉을 구해내려고 애썼던 것이 르우벤이고, 요셉을 죽이지 말고 대신 미디안 상인들에게 팔자고 제안한 것이 유다이다. 그런데 이 둘은 시므온과 레위의 폭력성에 대비되는 또다른 심각한 문제를 가지고 있었다. 그것은 바로 성적인 문제였다. 르우벤은 그 아버지의 첩인 빌하와 통간했다(창 35:22). 심리적 측면에서 이것은 아버지에 대한 반감을 성적 일탈로 행동화한 것이라고도 볼 수 있고 혹은 어머니의 성적 불만을 자기 안에 내사한 것이라고도 해석할 수 있다.

한편 유다는 가나안 여인과 동거했는데, 문제는 이것이 단순한 성적 일탈을 넘어 하나님의 언약을 파기하는 중대한 위반행위였다는 점이다. 그가 후에 그리스도의 직계조상이 된 사실을 생각하면 이 행동이 초래할 수 있었던 문제의 심각성을 알 수 있다. 역설적인 사실은 유다

     III. 성경 속의 심리학 - 성경과의 대화

가 한편으로 매우 규범적인 사람이었다는 사실이다. 며느리의 음행을 처벌하는 준엄한 태도가 이점을 보여준다(창 28:24). 그런데 어떻게 이렇게 규범적인 사람이 이율배반적이게도 그런 성적 방종에 빠졌을까? 이것은 남성중심인 가부장적 사회의 모순을 드러내는 장면이기도 하지만 역시 야곱의 가정사에 기인한 그의 정서적 결핍을 드러내는 사건이라 볼 수 있다. 아버지의 편애로 인한 가정 분란, 그리고 아마도 어머니 레아가 겪었을 우울증 등으로 초래된 그의 내적 결핍이 그런 성적 자극의 추구로 이어졌을 가능성이 있다.

코헛에 따르면 자기대상의 결핍으로 인한 내적 공허감은 성적 자극을 통해 그런 공허감을 달래거나 해소하려는 소위 성행동화(sexualization)로 이어질 수 있다.[7] 그런데 사실상 이러한 성행동화는 그런 내면의 결핍을 진정으로 해결할 수 없다. 그것은 단지 우울하던 자신이 살아나며 충만해지는 것 같은 일시적 착각을 일으킬 뿐이다. 이것은 성적 자극만 아니라 알코올, 마약중독 같은 약물중독, 위험한 스포츠나 게임, 도박이 일으키는 일시적 흥분상태 역시 마찬가지이다. 실상 시므온과 레위의 폭력성 역시 오늘날 많은 폭력적 행동이 그런 것처럼 한편으로 그 같은 흥분제 작용을 했던 것일지 모른다.

성경에서 아버지의 무관심 때문에 정서적 결핍을 경험했으리라 추정되는 또 한 명의 인물이 다윗이다. 그의 아버지 이새가 형들을 데리고 사무엘의 제사에 갔을 때 다윗은 홀로 빈 들에 남겨져 있었다. 어쩌면 **"내 부모는 나를 버렸으나 여호와는 나를 영접하시리이다"**(시 27:10)라는 고백은 그의 내면에 자리하던 버림받은 감정을 내비치는 고백인지 모른다.

물론 다윗은 그런 버림받은 감정으로 인해 하나님을 바라보게 되었다. 빈 들에서 양들을 돌보면서 하나님을 목자에, 자신을 양에 비유하며 그 하나님의 사랑을 노래했다. 부모의 빈 자리에 이렇게 하나님을 대신 모신 것이다. 사무엘의 기름부음을 받은 이후 이러한 다윗의 신앙은 더욱 뜨거워졌다. 그러나 이러한 신앙적 열정에도 불구하고 그의 내면에는 여전히 채워지지 못한 빈자리가 남아 있었던 것 같다. 어쩌면 무모하리 만치 용감하게 곰이나 사자에게 맞서는 행동이 일면 그런 그의 정서적 결핍을 방어하는 소위 '위험추구적 행동(risk-taking behavior)'이었을지 모른다. 현대심리학에 의하면 어떤 사람들은 위험한 행동을 일삼음으로 자신의 내적 결핍을 방어하는데, 어쩌면 용감하게 골리앗에 맞선 다윗의 행동 역시 일면 이 같은 위험추구적 방어기제를 내포한 행동이었을지 모른다. 만일 이것이 사실이라면 아이러니하게도 이런 위험추구적 행동은 성령의 역사를 수반했다고 볼 수 있다. 납득이 잘 안되지만 성령의 역사가 이처럼 심리적 방어기제를 수반하는 일은 성경에서만 아니라 오늘날 현실에서도 흔히 있는 일이다(또 다른 성경의 예가 곧이어 살펴볼 삼손이다).

다윗은 이후에 아버지의 무관심으로 인해 생긴 그 마음의 빈자리를 주군인 사울을 이상화하고 그에게 충성을 다하는 행동을 통해 보상받으려 한다. 그런데 이런 노력에도 불구하고 그는 도리어 사울에게 생명의 위협을 받게 되고 결과적으로 더 깊은 마음의 상처를 입게 된다. 침을 흘리며 가드 왕궁 대문짝을 긁적거리는 행동은 단지 살아남기 위한 연기일 뿐 아니라 그의 내적 좌절감의 표현이었을지 모른다(삼상 21:13). 다행히도 아둘람으로 도망한 이후 그는 더 이상 이전처럼 사람을 의지하기보다 오직 하나님만 바라보는 사람이 되었다.

주지하듯 이렇게 사람이 아니라 하나님만 바라본 다윗은 사울과

대조적으로 결국 이스라엘 왕위에 오르는 승자가 된다. 그런데 이렇게 왕위에 오른 후에도 그의 내면문제가 완전히 해결되지 못했다는 사실을 우리는 이후 밧세바와의 간통사건을 통해 엿볼 수 있다. 사실 이전에도 그는 왕으로서 일곱 명의 정실 외에 다른 여러 첩들을 취하는 여성편력을 보여주었다. 물론 이것은 정치적인 동기로 말미암은 일이었을지 모르지만 한편으로 그가 여전히 치유되지 않은 내면의 문제를 가지고 있었음을 시사하기도 한다. 건강한 부부관계를 통해 안정감을 얻기보다 그런 여성편력을 통해 자신의 내면의 문제를 회피하고 있었던 것이라 볼 수 있기 때문이다. 이런 바람직하지 못한 결혼생활은 그의 가족관계에 여러 가지 문제를 야기했을 뿐 아니라 하나님과의 관계에도 균열을 가져왔다. 이 사실을 우리는 밧세바와의 간통 이후 다윗에게 일어난 일련의 사건들에서 볼 수 있다.

밧세바와의 간통 이후 다윗은 사람의 눈만 아니라 하나님의 눈조차 속이려는 범행을 저지른다. 그러나 결국 그런 그의 범행은 백일하에 드러났고 결과적으로 그의 가족만 아니라 온 나라가 끔찍한 비극을 겪게 된다. 그런데 이런 비극이 일어나기 전 하나님은 선지자 나단을 보내 그와 밧세바 사이에 새로 태어난 아기에게 **여디디야**(하나님의 사랑을 받은 자)"라는 이름을 지어 주신다(삼상 12:25). 이 이름은 인간의 죄로 인해 초래된 고통 가운데서도 여전히 함께하시는 하나님의 사랑을 증거한다. 이렇게 하나님께서 변함없이 다윗을 사랑하신 것처럼 다윗도 그 아픔 가운데 태어난 아들 솔로몬을 사랑했다. 이후 그들 부자의 친밀한 관계는 그의 왕조를 재건하는 초석이 된다.

성경에서 성적 일탈로 인해 비극을 겪은 또 한 명의 인물이 삼손이다. 그런데 삼손은 위에서 살펴본 인물들과는 달리 부모의 무관심이 아니라 도리어 과도하리 만치 많은 사랑과 기대를 한 몸에 받으며 자라 났다. "그런 사람이 왜?"라는 질문이 들 수 있지만, 우리가 기억해야 할 것은 부모의 많은 사랑과 기대가 반드시 그 자녀에 대한 공감적 이해 를 의미하지 않는다는 사실이다. 삼손은 특별히 '이스라엘의 구원자'가 되리라는 부모의 엄청난 기대 속에서 자랐다. 그러나 정작 그의 나이다 운 평범한 유치함이나 충동성은 이해 받지 못했다. 또 한 가지 삼손에 게 안타까운 사실은 그의 시대가 이스라엘이 블레셋의 지배를 받던 암 울한 시기였다는 사실이다. 만일 당시가 이스라엘의 전성기였더라면 삼손처럼 힘센 청년은 아마도 이스라엘의 장수로 성공해서 이름을 들 날릴 수 있었을 것이다. 그러나 블레셋의 지배하에 삼손은 그런 비범한 재능 때문에 오히려 더 깊은 좌절과 무력감을 겪을 수밖에 없었다. 결 국 그는 그러한 현실이 주는 좌절뿐 아니라 그 또래 특유의 정체성혼 란으로 인해 더욱 부모의 기대를 벗어난 삶을 살게 된다.

삼손이 어긋난 데는 부모의 과도한 기대와 더불어 그들의 양면적 양육태도 역시 기여했을지 모른다. 그 부모는 블레셋 여자를 좋아한다 는 삼손을 끝까지 이해하기 거부했다. 그러다가 결국에는 그의 고집에 굴복하고 말았다. 이런 거절과 굴복의 양면성은 아마 그 부모 자신부터 자식사랑보다 하나님 사랑이 더 확고하지 못했음을 시사하는 것인지 모른다. 물론 이미 장성한 삼손의 고집을 꺾기는 그 어떤 부모라도 어 려웠을 것이다. 여하간 이러한 부모의 한계로 인해 삼손은 더욱 하나님 을 벗어나 방종으로 치닫게 된다.

삼손이 블레셋 딤나에 **"내려가서 그 여자와 말하며 그를 기뻐하였 다"**(삿 14:7)라는 묘사에서 **"기뻐하였다"**로 번역된 말은 원어로 '야솨 르 브아이나이 (יָשַׁר בְּעֵינָי),' 문자적으로 직역하면 "두 눈에 기뻐하였다"는 뜻이다. 이것은 서로 바라보는 연인의 눈에 서로가 사랑스럽게 비치는 장면을 연상시키는 말이다. 이 말은 아마도 그 여인이 삼손에게 그 부모가 되어주지 못한 반영적 자기대상이 되어 주었음을 시사한다. 이로써 우리는 삼손이 왜 그렇게 그 여인을 좋아했는지 짐작할 수 있다. 때문에 더욱 비극적인 일은 결국 이 여인과 그녀의 가족이 블레셋 사람들 손에 불태워졌다는 사실이다. 삼손이 이로 인해 얼마나 분노했을지 가히 상상할 수 있는 대목이다.

아마도 이 사건으로 인해 말할 수 없이 깊은 상처를 입은 삼손은 이후 여성들과의 관계에서 진정으로 마음을 나누기보다 다만 피상적인 성적 관계만 갖는 태도를 보인다. 여성을 인격적 대상이 아니라 단지 성적 대상으로만 대했던 것이다. 이것은 다시 상처받지 않기 위한 일종의 심리적 방어기제였다고 볼 수 있다. 그런데 이렇게 방어적으로 살아가던 삼손은 마침내 들릴라라는 한 블레셋 여인과 깊은 사랑에 빠지게 된다. 이 들릴라와의 관계가 흥미로운 점은 이 관계가 피상적인 성적 친밀감과 진정한 사랑 사이의 줄다리기로 해석되기 때문이다. 들릴라는 삼손에게 **"당신의 마음이 내게 있지 않으면서 어떻게 나를 사랑한다고 하느뇨"**(삿 16:15)라고 추궁했다. 여기서 역설적인 사실은 들릴라 자신은 정작 삼손을 배신할 마음을 품고 있으면서 이렇게 삼손에게서 진정한 사랑을 확인하려 했다는 사실이다. 이것은 자기자신은 신뢰할 수 없는 사람이면서 상대방이 무한한 신뢰의 대상이길 바라는 인간의 이중성을 예시한다. 더욱 흥미로운 것은 삼손이 이런 들릴라의 추궁에 **"마음이 번뇌하여 죽을 지경이 되었다"**(삿 16:16)는 사실이다. 왜 그랬을까? 왜 그는 끝까지 그녀에게 마음을 주지 않으면서 성적 만족만을 취하는 '나쁜 남자'일 수 없었을까? 이것은 그 역시 중심으로는 단순한 성적 만족만 아니라 진정한 신뢰와 사랑의 관계를 갈망하고 있었음을 시사한다. 그 역시도 그런 관계를 갈망했기 때문에 정직하지 못한 자신에 대해 괴로워할 수밖에 없었던 것이다.

인간이 이처럼 진정한 사랑과 신뢰를 갈망할 수밖에 없는 이유는 원래 인간상호관계가 그러한 하나님의 형상으로 지어졌기 때문이다. 인간은 이처럼 서로의 관계 속에서 하나님의 사랑을 반영하도록 지어진 존재이다. 그렇기 때문에 그들 내면의 갈망이 단지 성적인 욕구의 충족만으로는 해소될 수 없는 것이다. 이런 사실을 외면하고 단지 육욕이 전부인 것처럼 살아가는 삶은 진실을 외면하고 자기기만에 빠져 사는 삶이다. 삼손이 그의 최후에 받은 은혜는 그의 육안을 잃는 대신 영안이 열리게 된 것이다. 비록 그는 더 이상 육안으로 여인의 아름다움을 즐길 수 없게 됐지만 대신 영안으로 하나님을 바라볼 수 있게 되었다. 눈을 속이는 빛이 아니라 참 빛을 보게 된 것이다.

나를 아시는 그분

사도 요한은 **"참 빛 곧 세상에 와서 비취는 빛이 있었으며"**(요 1:9) 그 빛을 자기들이 **"눈으로 주목하여 보고 손으로 만진 바라"**(요일 1:1)고 증언한다. 또한 이 빛은 **"생명"**(요 1:4)이라고도 증언한다. 한편 사도 바울도 같은 빛에 대해 증언하기를 **"어두운 데에 빛이 비치라 말씀하셨던 그 하나님께서 예수 그리스도의 얼굴에 있는 하나님의 영광을 아는 빛을 우리 마음에 비추셨다"**(고후 4:6)고 말한다. 이 말은 그 빛이 곧 **"하나님을 아는 빛"**인데 이 빛이 예수 그리스도의 얼굴을 통해

  III. 성경 속의 심리학 - 성경과의 대화

우리에게 비추어졌다는 뜻이다. 그러므로 예수께서는 말씀하시기를 **"나를 본 자는 아버지를 보았다"**(요 14:9)고 하신 것이다. 이 말씀은 결국 예수 그리스도의 얼굴이 바로 하나님의 얼굴이라는 의미이다.

신약성경의 이야기들은 하나님 얼굴을 잃어버렸던 사람들이 그리스도를 통해 그 잃어버린 얼굴을 다시 찾은 이야기라 할 수 있다. 앞에서 살펴본 것처럼 창세기 서두에는 인간이 하나님 얼굴을 잃어버린 이야기가 전개된다. 그리고 이후 구약성경 전체를 통해 그 하나님 얼굴을 잃어버린 인간의 실상이 조명되는 가운데 마침내 그들이 그 잃어버린 얼굴을 되찾게 되리라는 약속이 주어진다. 사도 바울의 표현을 빌자면 구약은 **"수건으로 가리운 얼굴"**만 보여주는 이야기이다. 그런데 신약에 와서 그 얼굴을 가린 수건이 벗어지는데, 이렇게 수건이 벗어지면서 우리가 마주하게 되는 얼굴이 바로 예수 그리스도의 얼굴이다(고후 3:18).

이 단락에서는 이렇게 신약시대에 예수 그리스도의 얼굴을 만난 사람들의 이야기를 살펴보려 한다. 그 중 특별히 두 사람의 이야기를 살펴보려 하는데, 첫번째가 여리고의 세리장 삭개오이다.

이 삭개오의 이야기는 이렇게 시작된다. **"삭개오라 이름하는 자가 있으니 세리장이요 부자라. 저가 예수께서 어떠한 사람인가 하여 보고자 하되 키가 작고 사람이 많아…"**(눅 19:2-3). 이 사람이 어떤 사람인지 더 자세한 기록이 없어 그 이상은 우리가 상상해볼 수밖에 없다. 그러나 위의 짧은 소개 속에 이미 중요한 실마리가 내포돼 있다. 먼저 **"키가 작았다"**는 것은 이 사람이 단지 그런 신체적 열등감뿐 아니라 여러 모로 열등감 콤플렉스를 가진 사람이었으리라는 추정을 가능케 한다. 또한 이스라엘 사람인 그가 로마를 위해 복무하는 세리장이 되었다는 것은 아마도 그가 그런 자신의 콤플렉스를 만회하기 위해 갖은 수단을 다해서 권력과 지위를 추구해왔다는 것을 시사한다. 한편 그가 부자였다는 사실은 뭇사람의 지탄을 받으면서도 그가 그렇게 악착 같이 살아서 치부에 성공하였음을 시사한다. 특히 예수님께 자신이 **"만일 뉘 것을 속여 빼앗은 일이 있다면"**(눅 19:8)이라고 한 말은 그의 치부 방식이 때로 스스로 보기조차 떳떳지 못한 것이었음을 암시한다. 그런데 이렇게 살아온 그가 왜 갑자기 예수님이 그렇게 궁금해졌을까?

세리장이며 부자인 삭개오가 예수님이 어떤 분인지 궁금해졌던 이유는 그 내면에 돈이나 권력으로 채워지지 않는 빈자리가 있었기 때문일 것이다. 무엇보다 그는 외로운 사람이었다. 로마의 하수인이라는 이유로 동족에게 외면당했을 뿐 아니라 로마인들에게조차 인격적인 대우를 받지 못했을 것이다. 그러나 그의 안에 있는 공허감은 단지 이러한 사회적인 소외 때문만 아니라 보다 깊은 곳의 채워지지 않은 갈망으로 인한 것이었으리라 추측된다. 8절에서 그가 **"속여 빼앗은 것을 네 배로 갚겠다"**고 말하는 것을 볼 때 어쩌면 그는 율법에 대해서도 잘 아는 사람이었을지 모른다. 그러나 동족을 배반하고 '죄인'이라는 손가락질을 받으면서 그는 어떤 것이 진정 옳은 삶의 길인지 자문하고 있었을 것이다.

그는 **"앞으로 달려가 보기 위해 돌무화과나무에 올라갔다"**(눅 19:3). 이런 그의 모습은 평소 적극적이며 타인의 시선보다 자신의 목표달성을 위해 달려가는 그의 성격을 그대로 드러낸다. 또한 이것은 그만큼 예수님을 만나고 싶은 그의 열망이 간절했다는 점을 말해주기도 한다. 그런데 마침내 예수께서 그 나무 아래로 지나가실 때 놀랄 만한 일이 벌어졌다. 예수께서 나무 아래 멈춰 서시더니 고개를 들어 쳐다보시며 그에게 이렇게 말씀하시는 것이었다. **"삭개오야 속히 내려오라. 내가 오늘 네 집에 유하여야 하겠다"** (눅 19:5).

고개를 들어 그를 쳐다보시는 예수님의 얼굴, 동시에 그의 이름을 불러 주시는 그 음성은 삭개오 안에 엄청난 반향을 일으켰다. 하나님의 아들이신 예수께서 그를 알아봐 주시고 뭇사람이 죄인이라고 손가락질하는 그를 그렇게 이름으로 불러 주셨기 때문이다. 이 사실이 처음에 그에게 현실로 믿기지 않았다. 그것은 이제껏 그가 추구하던 모든 것이 상대적으로 아무것도 아닌 것으로 여겨질 만큼 엄청난 기쁨으로 그에게 다가왔을 것이다. 그래서 기뻐서 어쩔 줄 모르며 예수님을 집으로 영접한 삭개오는 예수님과 무리들 앞에 잔치를 베풀고 이렇게 고백한다. **"주여 보시옵소서. 내 소유의 절반을 가난한 자들에게 주겠사오며 누구의 것을 속여 빼앗은 일이 있으면 네 갑절이나 갚겠나이다"** (눅 19:8). 이렇게 그가 이제껏 거머쥐고 있던 소유를 내려놓을 수 있었던 이유는 그를 찾아오신 예수가 이제 그의 가장 귀한 소유가 되셨기 때문이다. 세상이 뭐라고 하든 예수께서 자신을 알아주시고 자신의 편이 되셨기 때문이다. 그렇기 때문에 그는 더 이상 이제까지 집착해온 자신의 소유에 집착할 필요가 없어졌다. 삭개오는 이렇게 예수님 안에서 새로운 자신을 찾았다.

이렇게 예수님을 통해 새로운 자신을 찾은 또 한 명의 인물이 요한복음 4장에 나오는 사마리아여인이다. 삭개오와 마찬가지로 이 여인에 대해 우리가 알 수 있는 것은 매우 제한적이다. 단지 그녀가 수가성 주민이며 이제껏 남편이 여럿 있었으나 예수님을 만난 당시 남편이 없었다는 사실 정도가 전부이다. 그 외에는 그녀의 이름조차 우리는 알지 못한다. 그러나 요한복음 4장의 기록을 통해 이 여인에 대해 좀더 추정할 수 있는 바가 한두 가지 더 있다.

첫째 이 여인은 아마 삭개오보다도 더 많이 사람들에게 멸시와 외면을 당하던 여인이었을 것이다. 이것은 그녀가 당시 천대받던 사마리아 여성이었기 때문이기도 하지만, 그런 사마리아여인들 중에서조차 지탄을 받던 부도덕한 여인이었기 때문이다. 그녀에게 남편이 다섯 있었고 현재는 다른 여자의 남편을 만나고 있다는 사실은 그녀의 부도덕성을 말해주는 것이기 전에 그녀가 그렇게 여러 남자들에게 의존하는 삶을 살 수밖에 없을 만큼 경제적으로 어려움을 겪고 있었다는 사실을 시사한다. 당시 사회에서 혼자 사는 여성에게 주어진 삶의 여건을 고려할 때 이러한 추정이 가능하다. 그러나 이렇게 현실적으로 불가피한 상황에도 불구하고 그녀와 같이 여러 남성을 거쳐온 여성은 당시 사회에서 심한 지탄과 멸시를 당할 수밖에 없었다. 아마도 그녀는 그러한 사람들의 멸시와 정죄를 내면화하면서 실제로 그처럼 '부도덕한' 삶을 살게 되었을지 모른다.

그러나 그녀가 그렇게 내면화한 멸시와 정죄는 안에서 소화되지 않는 가시처럼 끊임없이 그녀를 찔렀을 것이다. 일반적으로 사람들이 밖으로 나오지 않는 정오 시간에 그녀가 물을 길으러 나왔다는 사실은 그녀가 사회적 관계를 차단하며 살았음을 시사한다. 그러나 그렇게 해서 사람들과 마주치지 않는다 해도 그녀의 내면에서 그녀를 정죄하는 시선은 여전히 피할 수 없었다. 그래서 항상 그녀를 따라다니는 그 멸시의 시선으로부터 자신을 방어하는 태도가 점점 그녀의 성격이 되어버렸고, 아마 그런 방어기제가 예수님을 만났을 당시도 자동적으로 나타날 수밖에 없었을 것이다. **"당신은 유대인이면서 어찌하여 사마리아 여자인 내게 물을 달라 합니까?"** (요 4:9). 다분히 공격적인 그녀의 이

말 속에는 낯선 사람에 대한 의심과 특히 남성에 대한 적대감마저 드러난다. 이제껏 그녀가 만난 남성들이 그녀를 어떻게 대해 왔는지 엿볼 수 있게 하는 대목이다. **"당신이 야곱보다 더 크니이까"**(요 4:12)? 이 말에는 그녀가 이제껏 당해왔던 비교와 멸시가 투영돼 있다. **"그런 물이 있으면 내게 줘서 목마르지도 않고 여기 물 길으러 오지도 않게 하소서"**(요 4:15). 이 말에서는 그녀가 느끼는 삶의 힘겨움과 세상에 대한 체념과 냉소가 배어난다.

"네 남편을 불러오라"(요 4:16). 이것이 예수께서 그런 그녀가 자신을 직면하게 하시는 말씀이었다. 순간 당황한 여인은 이렇게 대답한다. **"나는 남편이 없습니다"**(요 4:17) **"네 말이 옳도다. 네가 남편 다섯이 있었으나 지금 있는 사람은 네 남편이 아니니 네 말이 옳도다"**(요 4:17-18). 예수님의 이 말씀에 그 여인이 얼마나 놀랐을지 가히 상상이 되고도 남는다. 감추고 싶던 수치가 갑자기 백일하에 드러난 것 같은 당혹감에 그녀는 순간 몸이 얼어붙었을 것이다. 아마도 한참 침묵이 흐른 후 마침내 그녀가 한 대답은 이런 것이었다. **"내가 보니 당신은 선지자로소이다"**(요 4:19). 이전의 그녀의 행동을 보면 그녀는 이때 좀더 방어적으로 반박하거나 자기직면을 회피하며 달아났을 법도 하다. 그런데 그녀는 그렇게 하지 않았다. 그 짧은 침묵 동안에 대체 예수님과 그녀 사이에는 어떤 무언의 대화가 오갔던 것일까?

우리가 추정할 수 있는 것은 이런 것이다. 아마도 그 순간 여인은 예수께서 자기 밖이 아니라 자기 안에서 자신을 보고 계신다는 사실을 직감했을 것이다. 사람들이 보지 못하도록 겹겹의 벽으로 감추어 놓았던 자신, 그렇지만 그 속에서도 끊임없이 누군가를 기다리던 자신을 지금 자기 앞의 예수님이 찾아오신 것을 알게 되었다. 그녀가 계속해서 상처를 입으면서도 끊임없이 누군가를 찾았던 이유는 단지 경제적인 필요나 성적 욕구 때문만이 아니었다. 사실 그녀는 진정으로 자신을 알아주고 참생명의 길로 이끌어줄 누군가를 찾고 있었다. 그런데 순간 그녀는 자기 앞에 계신 그분이 바로 자신이 찾던 그분임을 깨달았다.

진정한 예배라고 하는 것은 진정으로 자신을 아시는 하나님 앞에 마주서는 것이다. 오직 하나님만이 진정한 예배의 대상인 이유는 오직 하나님만이 진정으로 우리를 아시는 분이기 때문이다. 여인이 참된 예배의 장소가 어디냐 물었을 때 예수께서는 참된 예배는 어떤 정해진 장소에서 드리는 예배가 아니라 **"영과 진정으로"** 드리는 예배라고 대답하셨다(요 4:23). 여기서 '영'이란 우리 자신을 누구보다 잘 아시는 하나님의 임재를 뜻하고, '진정'이란 그 하나님 앞에 거짓이 없이 마주 서는 우리의 마음가짐을 뜻한다. 헬라어로 진정은 '알레테이아(ἀλήθεια)'인데, 이 말은 부정접두사 'ἀ'와 '망각,' '감춤' 등을 뜻하는 헬라어 '레테(λήθη)'가 합해진 말이다. '진정'이란 그러므로 자신의 수치와 상처까지도 숨김 없이 드러내는 정직한 마음을 의미한다. 이것이 바로 다윗이 말한 **"상하고 통회하는 심령"**(시 51:17)이다. 우리가 이런 마음으로 하나님께 나아갈 때 하나님은 이렇게 예배하는 우리를 이미 찾아와 계신다. 수가성 여인이 진정한 예배에 대해 물었을 때 이미 그리스도께서 그녀 앞에 찾아와 계셨던 것처럼 말이다.

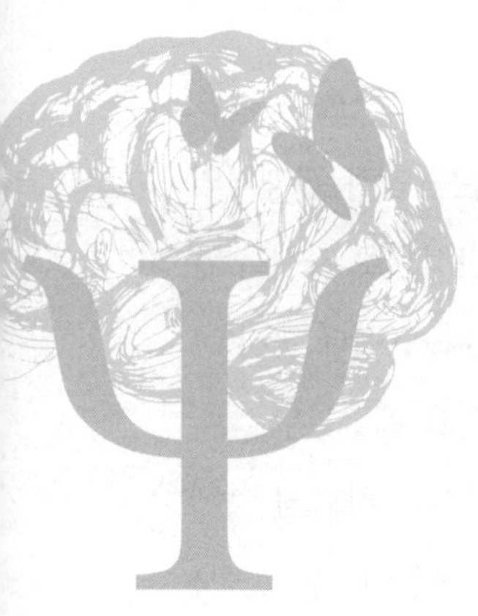

2

성숙의 심리학

고린도후서 3장 18절에서 사도 바울은 예수 그리스도를 통해 이루어지는 우리 내면의 변화를 이렇게 묘사하고 있다. **"우리가 다 수건을 벗은 얼굴로 거울을 보는 것 같이 주의 영광을 보매 그와 같은 형상으로 변화하여 영광에서 영광에 이르니 곧 주의 영으로 말미암음이니라."** 여기서 **"수건을 벗는다"**는 것은 신학적으로는 구약시대의 율법주의에서 벗어나는 것을 의미하지만 심리적 차원에서는 그런 종교적 허울을 벗고 정직하게 하나님을 마주하는 것을 의미한다. 이어지는 **"거울을 보는 것 같이 주의 영광을 보매"**를 원어 그대로 직역하면 우리가 주의 영광을 거울처럼 반영하는 사람이 된다는 뜻이다. 이것은 우리의 거울대상인 그리스도를 통해 우리 자신의 정체성이 새로워진다는 의미로 이해할 수 있다. 그래서 결과적으로 **"그와 같은 형상으로 변화하여 영광에서 영광에 이른다"**는 것은 심리학에서 말하는 변형적 내면화와 같은 과정으로 이해할 수 있다. 즉 결과적으로 그리스도의 성품이 우리 안에 내면화되어 우리도 그와 같이 **"신성한 성품에 참예"**(벧전 1:4)하는 삶을 살게 된다는 것이다. 그리고 마지막에 **"주의 영으로 말미암음이라"**는 말은 이러한 일련의 변화가 하나님의 영으로 말미암는다는 점을 재차 강조한다.

앞장에서 우리는 성경에서 하나님의 얼굴을 잃어버린 사람들이 어떤 내면의 문제를 가지고 있었으며 그런 문제가 하나님의 얼굴을 마주함으로 어떻게 극복될 수 있었는지 살펴보았다. 이제 본장에서는 더 나아가 하나님의 사람들이 **"그와 같은 형상으로 변화하는"** 영적 성숙의 과정에 대해 좀더 소상히 살펴보고자 한다. 역시 성경 인물들의 예를 통해 그러한 변화를 살펴볼 텐데, 가장 먼저 살펴볼 인물은 구약의 모세이다.

모세의 변화

모세에 대해 먼저 생각해 봐야 할 점은 모세는 아마도 우리가 흔히 생각하는 것보다 훨씬 더 힘든 성장기를 보냈으리라는 점이다. 갈대바구니에 담겨 떠내려온 히브리 아기를 **"가엾어서"**(출 2:6) 주워 기른 애굽 공주가 과연 얼마나 책임성 있게 그 아이를 끝까지 돌보았을지는 사실 의심스러운 일이다. 사실은 이런 노예 아이까지 왜 자신들이 떠안아야 하느냐고 투덜거리는 왕궁 시녀들의 손에 그의 양육이 대부분 맡겨졌을 가능성이 크다. 물론 젖먹이 때만큼은 친모 요게벳의 젖을 빨며 자랄 수 있었던 것이 그에게 허락된 한 가지 행운이었다. 그러나 영아

　　　　　　　　　　　　　　　　Ⅲ. 성경 속의 심리학 - 성경과의 대화

기 동안 그렇게 애착을 형성했던 초기대상과 결국 까닭 모를 생이별을 경험한 이후 그는 줄곧 "왜 이런 히브리노예가 왕궁에서 자라지?"라는 의문의 시선을 받으며 차별과 멸시 속에 자라났을 것이다.

이런 모세의 성장기를 이해하는 데 가장 좋은 참조가 되는 것이 오늘날의 해외 입양아들이다. 이른바 '입양아 증후군'이라고 불리는 심리 증상 중 필시 청년기 모세에게도 해당됐으리라 여겨지는 것이 정체성 혼란과 반사회성이다. 모세는 나중에 미디안 광야에서 도피생활을 하면서 그가 얻은 첫아들의 이름을 '게르솜(이방인)'이라 지었다. 아마도 그 이름은 미디안 광야에서 도망자 신세로 살아가던 그 자신의 처지만 아니라 어려서부터 '주변인'으로 살아온 그의 안의 상처가 투영된 이름이었을 것이다.

흔히 입양아들이 성장한 후에 자신의 친부모의 나라를 찾는 것을 볼 수 있는데 동일한 행동을 청년 모세에게서도 볼 수 있다. 그렇지만 그렇게 그가 찾아간 이스라엘 동족들 가운데서조차 그는 소외를 경험했다. 종종 입양인들이 그런 것처럼 모세는 처음에 그 이스라엘 동족들 가운데서 자신이 그들의 '구원자'가 된 것처럼 행동했다. 예컨대 동족을 학대하는 애굽 관리를 쳐죽인 행동이 그런 것이다. 아마도 이런 행동은 어린 시절부터 그의 안에 쌓여 있던 애굽인 지배자들에 대한 분노가 투영된 행동이었을 것이다. 그런데 이런 모세에 대해 그들 동족들이 보인 반응은 싸늘했다. **"누가 너를 우리를 다스리는 자와 재판관으로 삼았느냐"** (출 2:14). 이런 예기치 못한 반응에 모세는 그 보상적 자기애의 상처를 입고 뒷걸음질쳤다.

이처럼 자기애적 상처를 안고 광야로 도피해서 40년간 숨어 지내던 모세는 이제 반대로 자신은 아무것도 아니며 아무것도 할 수 없는 사람이라는 자기비하에 빠져서 살고 있었다. 하나님께서는 이런 그를 찾아와 떨기나무 사이에서 그의 이름을 부르셨다. "모세야, 모세야"(출 3:4).

그후 모세는 이스라엘의 구원을 위해 하나님께서 자신을 부르셨다는 사실에서 새로운 자기정체성을 찾게 된다. 그리고 광야에서 홀로 이스라엘 백성을 이끌며 때때로 좌절에 부딪칠 때 그와 함께하시는 하나님으로부터 힘을 얻었다. 하나님께서 그의 이상적 자기대상이 되셨던 것이다.

하나님과 모세의 친밀한 관계에 대해 성경은 **"사람이 자기의 친구와 이야기함 같이 여호와께서 모세와 대면하여 말씀하셨다"**(출 33:11)고 이야기한다. 또한 하나님은 그에게 **"너는 내 목전에 은총을 입었고 내가 이름으로도 너를 앎이라"**(출 33:17)고도 말씀하셨다. 심지어 하나님은 당시 그 어느 누구에게도 보여주지 않으셨던 당신의 모습을 그에게 보여주셨다(출 33:23). 이렇게 하나님을 만나고 산에서 내려온 모세의 얼굴에서 이스라엘백성들이 차마 쳐다볼 수 없을 만큼 강한 광채가 났다고 성경은 증언한다. 과연 그의 얼굴이 하나님의 얼굴빛을 비추는 얼굴이 되었던 것이다.

하나님께서 주신 은혜는 비단 이렇게 하나님의 얼굴빛을 반영하는 데 그치지 않고 그의 인격이 **"그(하나님)와 같은 형상으로 변화"**하는 데 이른다. 민수기 12장 3절은 이렇게 변화한 그의 성품에 대해 **"이 사람 모세는 온유함이 지면의 모든 사람보다 더하더라"**고 평한다. 이러한 노년의 모세의 모습은 과거 청년 시절 애굽인을 쳐죽이던 그의 충동적인 모습과는 실로 천양지차가 있다. 뿐만 아니라 이스라엘 백성이 하나님을 거역할 때 혼자 산에 올라서 그들을 위해 간절히 중보하는 모세의 모습은 우리에게 일말의 거룩함마저 느끼게 한다. **"저들의 죄를 용서하소서. 그러지 않으시려거든 책에서 내 이름을 지워버려 주옵소서"**(출 32:32). 이런 그의 모습은 흡사 우리 인간을 위해 자신을 내어 주신 저 십자가의 예수 그리스도를 연상케 한다. 그는 40년의 광야 기간을 통해 이처럼 그리스도의 형상으로 변화했던 것이다.

모세는 어떻게 이렇게 달라질 수 있었을까? 역시 그것은 광야에서 이스라엘백성을 이끌며 그가 지나온 연단의 과정을 통해서라고 볼 수 있다. 때로 지쳐서 주저앉을 때마다 하나님은 그를 자녀처럼 격려하시고 친구처럼 가까이하셨다. 하나님은 그 광야의 길에서 이렇게 당신의 자비와 사랑을 그에게 보여 주셨을 뿐 아니라 그 하나님의 성품이 그도 모르는 사이 그 자신의 성품으로 내면화되게 하셨다.

사실 모세만 아니라 성경에서 그리스도의 예표가 되는 인물들은 모두 이와 비슷한 연단의 과정을 겪는다. 요셉의 경우도 마찬가지이다. 요셉 역시 애굽의 노예생활 가운데 많은 시련을 겪었다. 그러나 자신을 유혹하는 보디발의 아내에게 **"내가 어찌 이 큰 악을 행하여 하나님께 죄를 지으리이까"**(창 39:9)라는 말에서 엿볼 수 있듯 그는 그의 모든 상황 속에서 함께하시는 하나님을 바라보며 인내했다. 그러나 그럼에도 불구하고 그는 억울한 누명을 쓰고 감옥에 던져졌다. 그는 한때 그곳에 수감됐던 바로의 술관원장이 자신을 기억하고 은혜를 베풀어 주기 바랐지만 현실은 그런 실낱 같은 희망조차 외면해 버렸다. 이후 **"만이년"**(창 41:1)의 시기는 필시 그의 인생에서 가장 힘든 시기였을 것이다. 그러나 동시에 그 시기는 그의 인격이 다듬어지는 최적의 좌절의 시간이기도 했다. 그후 애굽의 총리가 된 요셉이 과거 세겜 들에서 혼자 방황하던 어리숙한 소년(창 37:15)과 비교할 때 달라진 점은 비단 그의 지위나 외양만이 아니었다. 위엄 있는 모습으로 총리석에 앉아 있다가 급히 내실로 물러나 눈물을 흘리는 그의 모습은 과연 하나님의 공의와 사랑을 함께 보여주는 그리스도의 예표라 할 만하다.

보위에 오르기 전에 숱한 연단을 겪었던 것은 다윗도 마찬가지였다. 이스라엘이나 블레셋 어디에도 발붙일 곳이 없던 다윗은 아둘람 동굴에 숨어 오직 하나님만 바라볼 수밖에 없었다. 당시 그가 지은 시편 중에서 **"다윗이 굴에 있을 때 지은 마스길"**이라고 부제가 붙은 시편 142편은 다음 같은 절규로 시작된다. **"내가 소리 내어 여호와께 부르짖으며 소리 내어 여호와께 간구하는도다"**(시 142:1). 이런 시편 고백에서 우리는 그 모든 역경 속에서 그가 하나님의 얼굴을 바라보았던 것을 알 수 있다. 이런 연단을 통해 그의 안에 형성된 것이 바로 어떤 상황에서도 하나님을 신뢰하는 내면의 힘이었다. 이런 내적인 힘이 현실로 발휘된 사건 중 하나가 사무엘상 30장의 시글락 피습사건이다. 아말렉의 습격으로 시글락성이 전소(全燒)되고 그 자신과 부하들의 처자식들이 모두 납치된 상황에서 이제까지 충성스럽던 그의 부하들마저 절망감으로 인해 그를 돌로 치려 했다. 성경은 이때가 다윗에게 가장 위급했던 상황 중 하나라고 증언한다. 그러나 그때 그는 **"그의 하나님 여호와를 힘입고 용기를 얻을"**(삼상 30:6) 수 있었다. 우리는 이것이야말로 위니콧이 말한 대로 "대상이 부재하는 상황 속에서도 그 대상의 현존을 느끼는 힘"이 발휘된 예라고 볼 수 있다.[8] 심리학에 의하면 이런 내적인 힘은 이전까지 보호자와 가진 친밀한 관계 속에서 내면화되는 힘이다. 즉 광야의 격심한 고난 속에서 다윗이 붙들었던 하나님이 이제 그의 안에서 그를 붙드는 내면의 힘이 된 것이다.

베드로의 변화

　신약의 인물들에게서도 성화의 과정은 비슷한 과정으로 나타난다. 먼저 그리스도와의 만남을 통해 내면의 치유가 시작되고 그 과정에서 그리스도의 성품이 그들 안에 내면화되어 그들 자신의 성품이 된다. 우리는 이러한 과정을 우선 그리스도의 제자들 가운데서 확인할 수 있다. 그중 베드로는 성육신하신 그리스도와 삼년간 누구보다 가까운 거리에서 함께하는 시간을 보낸 사람이다. 때문에 우리는 다른 누구에게서보다 그에게서 그리스도와의 관계를 통해 일어나는 내적 변화를 잘 살펴볼 수 있다.

　그러나 사실 베드로의 내면분석은 생각보다 어렵다. 그것은 첫째 예수를 만나기 전 그가 어떤 사람이었는지 알 수 있는 자료가 거의 없기 때문이다. 그러나 우리는 예수님을 만났을 때 그가 보인 행동들을 통해 그가 원래 어떤 사람이었는지 어느 정도 추정해볼 수 있다. 첫번째로 우리가 추정할 수 있는 점은 그가 원래 자존감이 매우 낮은 사람이었으리라는 점이다. 이 점은 첫째 예수께서 오르신 그의 배에 놀랄 만큼 많은 고기가 잡혔을 때 그가 보인 반응에서 드러난다. 그는 예수님 앞에 엎드려 이렇게 말했다. **"나를 떠나소서 나는 죄인이로소이다"**(눅 5:8). 그는 왜 이렇게 반응했을까? 그는 좀 달리 반응할 수도 있었을 것이다. 예컨대 물고기를 보고 탄성을 발하며 예수님께 엄지척을 해 보일 수도 있었을 것이다. 그러나 그는 그러기는 커녕 엎드려서 두려워하며 고개도 들지 못한다. 제발 자신에게 더 가까이 오지 말라는 태도이다. 이런 태도는 이제껏 그가 살면서 경험해온 인간관계, 특히 권위자들과의 관계가 어떤 것이었음을 말해준다.

먼저 이런 베드로의 태도는 김신형이 말하는 "갈릴리 콤플렉스"로 해석할 수 있다.[9] 이것은 갈릴리 어부와 같은 당시 하층민들이 유대지도자나 로마관리들에게 품은 이중적 감정을 지칭하는 말이다. 즉 자신들을 착취하는 그들에게 강한 적대감을 품고 있지만 감히 그런 내심을 드러내지 못하고 오히려 그 앞에서는 심한 두려움과 위축감을 나타내는 것이 그런 것이다. 물론 예수님은 유대의 종교지도자도 아니고 상류귀족도 아니었다. 그러나 베드로가 가진 콤플렉스가 순간 엄청난 두려움 가운데 그가 보기에 대단한 권위자로 보이는 예수님께 투영되어 나타났을 수 있다.

이러한 베드로의 두려움은 어린 시절부터 부모를 비롯한 윗사람과의 관계에서 충분한 지지나 친밀감을 경험하지 못한 사람에게 나타나는 특성이기도 하다. 다시 말해 어린시절부터 친밀한 관계 속에서 힘이 되어주는 자기대상 경험이 그에게 부족했을 가능성이 크다. 이런 사람은 권위자를 두려워하면서도 동시에 끊임없이 자신이 의지할 만한 그런 이상적 대상을 갈구하는데 베드로가 아마도 그러했을 것이다. 이러한 베드로의 성격은 전반적으로 에니어그램 6번유형의 특징에 잘 부합한다. 에니어그램 6번은 무엇보다 두려움이 많은 사람이다. 그래서 이런 사람은 끊임없이 그런 두려움으로부터 자신을 지켜줄 강한 대상을 찾는다. 이 6번유형은 '충성스러운 사람'이라는 별칭으로 불리는데, 그 이유는 그 상대가 믿을 만하다고 여겨지면 과도하리 만치 그 상대에게 충성하는 태도를 보이기 때문이다. 그런데 이처럼 충성스러운 태도에는 건강하지 않은 측면이 있다. 그 충성심의 이면에는 자신의 두려움 때문에 그렇게 힘있어 보이는 대상에게 융합되려는 심리가 숨어 있기 때문이다.

     III. 성경 속의 심리학 - 성경과의 대화

베드로 역시 이렇게 예수님과 강한 융합의 욕구를 드러냈다. 이것은 마치 어린 아이가 그 부모와 융합되려는 것 같은 욕구이다. 베드로는 그의 발을 씻으시는 예수께 이렇게 말한다. **"나를 씻어주시려면 발뿐만 아니라 온 몸을 씻어주십시오"**(요 13:9). 이런 요청에서 엿볼 수 있는 것이 바로 예수님과 온 몸으로 하나되고 싶어하는 유아적 욕구인데, 이런 욕구는 최후만찬에서 그가 했던 다음 같은 말에서도 드러난다. **"왜 제가 지금은 주를 따를 수 없습니까?"**(요 13:37) **"다른 사람들이 주를 버릴지라도 저는 버리지 않겠습니다"**(막 14:29).

한편 예수님과 하나되고 싶어하는 베드로의 욕구는 일종의 과대자기욕구로도 해석될 수 있다. 그것은 곧 늘 천시당했던 갈릴리 어부로서 그가 가진 열등감을 신적 능력을 가지신 예수님과 융합됨으로써 보상받고자 하는 욕구이다. 이런 그의 욕구가 가장 잘 드러나는 장면이 밤 중에 바다 위를 걸어오신 예수님께 자신도 그와 같이 **"걸어오라 하소서"**(마 14:28) 요청하는 장면이다. 물론 이런 그의 요청은 에니어그램 6번 특유의 '공포저항적 행동'이라고도 해석할 수 있다. '공포저항적 행동'이란 6번유형이 그렇게 두려움이 많은 만큼 도리어 그것을 부인하고 자신이 대단한 사람인 양 만용을 부리는 행동을 말한다. 물 위를 걷겠다는 요청 외에도 예수께서 잡히시던 밤 갑자기 대제사장의 종의 귀를 칼로 내리친다든지 무턱대고 대제사장 집 뜰로 예수님을 좇아 들어가는 행동 역시 그런 것이다. **"저는 주님을 위해 목숨까지도 버리겠습니다"**(요 13:37)라는 말에서도 역시 그의 이런 특성이 나타난다. 이런 말과 행동은 그가 진정 용감해서라기보다는 짐짓 자신의 두려움을 부인하는 말과 행동이라 볼 수 있다.

그런데 이런 모든 말과 행동, 특히 '물 위를 걷겠다'는 그의 요청은 동시에 그의 과대자기적 환상을 보여주기도 한다. 즉 물 위를 걸어오신 예수님을 완전히 자기동일시하면서 예수님이 하시니 나도 할 수 있다는 생각이다. 그런데 주목할 것은 예수께서 이런 그를 제지하지 않고 **"오라"**(마 14:29) 하셨다는 사실이다. 이외에도 예수님께서는 마치 베드로의 과대자기적 환상을 부추기시는 듯한 반응을 보여주곤 하셨다. 변화산에 오르실 때 베드로와 야고보, 요한 세 사람만 특별히 대동한다든지 특별히 그들에게만 신비적 체험을 허락하신 것이 그런 예이다. 특히 베드로에게 **"내가 반석인 네 위에 내 교회를 세우겠다"**(마 16:18)고 말씀하셨기 때문에 감히 갈릴리 어부 출신인 그가 자신보다 학식이 높은 다른 제자들 앞에서 자신이 더 '큰 자'라 주장할 수 있었던 것이다. 베드로가 이렇게 자아가 팽창된 데는 어느 정도 예수님의 책임이 있다고 볼 수 있다.

그런데 우리는 베드로의 자아팽창이 어느 정도 그의 치유의 과정에서 필요한 것이었다고 보아야 한다. 즉 어린 시절부터 자기의 결핍으로 위축돼 있던 그를 예수님께서 특별 우대를 통해 회복시켜 주신 것이다. 그러나 좋은 부모가 그렇듯 예수님은 또한 베드로에게 최적의 좌절도 허락하셨다. 예컨대 물 위를 걸어오던 베드로가 파도를 보고 무서워하며 빠져드는 것을 잠시 그냥 내버려두셨다. 아마도 그 순간 베드로는 자신이 예수님이 아니라는 사실을 여실히 자각했을 것이다. 물론 예수님은 베드로가 너무 깊이 빠져들기 전에 그의 손을 붙잡으시면서 이렇게 말씀하셨다. **"믿음이 적은 자여 왜 의심하였느냐?"**(마 14:31). 심리학적 견지에서 이러한 예수님의 말씀은 부적절한 개입처럼 보인다. 왜냐면 그런 말씀은 여전히 베드로의 과대자기적 환상을 부추기는 말씀일 수 있기 때문이다. 그러나 여기서 우리는 일반심리학과 기독교심

III. 성경 속의 심리학 - 성경과의 대화

리학의 차이를 이야기할 수 있다. 일반심리학은 환상을 버리고 현실에 살도록 격려하는 반면, 기독교심리학은 현실에 살면서도 언제나 우리와 함께하시는 하나님을 신뢰할 것을 격려한다.

사실 물에 빠지는 베드로를 잡아 주신 일은 장차 그가 겪을 진짜 시련의 예행연습 같은 것이었다고 할 수 있다. 그 진짜 시련이란 예수께서 대제사장의 종들에 의해 붙잡혀 가신 밤의 시련이다. 그 직전까지만 해도 베드로는 마치 자신이 물 위를 걸을 수 있다고 생각하는 것 같은 과대자기적 환상에 빠져 있었다. 즉 자신이 죽기까지 예수님을 따라갈 수 있다고 스스로 믿고 있었던 것이다. 그가 그날 밤 대제사장의 뜰 안으로 예수님을 따라 들어갔던 것은 앞에 말한 것 같은 일종의 공포저항적 행동일 수도 있지만 과대자기적 환상의 실연일 수도 있다. 그러나 결국 그는 그 대제사장의 뜰에서 불을 쬐며 앉았다가 주변 사람들의 추궁에 세 번이나 예수님을 모른다고 부인했다. 실상은 그가 스스로 믿은 그런 충성되고 용감한 사람이 아니라 늘 힘을 가진 자 뒤에 숨는 겁쟁이에 불과하다는 사실을 스스로 증명했던 것이다.

그런데 예수님은 이렇게 당신을 부인했던 베드로를 부활 후 갈릴리 바닷가에서 다시 만나셨다. 베드로가 다시 바다로 돌아간 것은 아마 예수님이 다시 살아나신 것이 사실일지라도 베드로 자신은 다시 그 예수님의 제자로 돌아갈 자격이 없다고 스스로 생각했기 때문일 것이다. 그러나 그 새벽에 바다를 헤엄쳐 누구보다 먼저 예수님 앞에 당도한 것은 베드로였다. 그렇지만 이후 조반을 마칠 때까지 베드로는 정작 눈을 들어 예수님을 바라보기조차 어려웠을 것이다. 그런데 식후에 예수님은 그런 그를 보시며 세 번 이렇게 똑 같은 말씀으로 물으셨다. **"요한의 아들 시몬아 네가 나를 사랑하느냐?"** (요 21:17). 베드로가 예수님을 사랑한 것은 예나 지금이나 변함없는 분명한 사실이었다. 지금도 그의 가슴은 앞에 계신 예수님을 향한 뜨거운 사랑으로 가득했다. 그러나 그는 그런 자신에 대해 이전처럼 그렇게 당당할 수 없었다. 그래서 그는 다만 이렇게 대답했다. **"주님 모든 것을 아시오매 내가 주님을 사랑하는 줄을 주님께서 아시나이다"**(요 21:17).

베드로의 고백처럼 예수님은 지금만 아니라 이전부터 이미 그의 모든 것을 알고 계셨다. 처음 바닷가에서 그를 부르셨을 때부터 이미 그가 그렇게 비겁하게 자신을 버릴 자라는 사실을 알고 계셨다. 그러나 그럼에도 불구하고 여전히 그를 택하셨고 친밀한 관계 속에서 사랑을 베풀어 주셨다. 이제 이 사실을 그의 입으로 고백하면서 베드로는 더 이상 그 자신의 못난 모습에 몰두하는 것이 아니라 고개를 들어 여전히 그런 자신을 사랑하시는 예수님을 바라볼 수 있었다. 이런 베드로에게 예수님은 다음 같이 말씀하셨다. **"내 양을 먹이라"**(요 21:17). 베드로를 바라보시는 그 눈빛은 "네가 네 자신으로서는 할 수 없지만 나를 향한 그 사랑으로 할 수 있다"고 말씀하시는 것이었다.

예수님과의 관계를 회복했어도 베드로에게 그 관계가 이전과 같을 수는 없었다. 예수께서 더 이상 이전처럼 육신으로 그와 함께하실 수 없었기 때문이다. 때문에 이제 그는 자신을 사랑하신 그 예수를 마음에 품고 살아야 했다. 못난 자신을 아시면서도 사랑하신 예수를 이제 그 마음에 품음으로 그런 그분의 마음으로 자신과 같은 다른 사람들을 사랑할 수 있었다. 그 이후 이전과 달라진 베드로의 모습은 바로 이렇게 예수님을 마음에 품고 살아가는 가운데 그의 안에 내면화된 예수님의 형상이라고 할 수 있다.

나중에 대제사장과 서기관들 앞에 끌려갔을 때 그는 복음전파를

금지하는 그들 앞에 당당히 이렇게 말한다. **"하나님 앞에서 너희 말을 듣는 것이 하나님 말씀 듣는 것보다 옳은가 판단하라"**(행 4:19). 여기서 우리가 발견하는 것은 과거와 달리 권위자들 앞에서 두려워 떨지 않고 어떤 상황에서도 자신 앞에 계신 하나님을 먼저 바라보는 신앙인의 모습이다. 이후 그는 이렇게 항상 그의 앞에 계신 그리스도를 바라보면서 그 그리스도의 마음으로 교회를 섬기는 삶을 살았다. 이 땅에서 그리스도의 형상으로서 살았던 것이다.

바울의 변화

신약성경에서 베드로 외에 어느 정도 구체적으로 그 내면의 변화를 추적해 볼 수 있는 인물이 사도 바울이다. 바울이 그리스도와의 만남을 통해 겪은 내적 변화는 우리에게 특별히 중요한 의미가 있다. 그 이유는 그의 이러한 내적 변화가 초대교회의 신학을 형성했다고 볼 수 있기 때문이다. 그래서 결국 그의 내적 변화를 깊이 이해하는 것은 곧 우리 자신이 전해 받은 신앙의 본질을 이해하는 것이다.

바울의 성장과정이나 배경 역시 우리가 알 수 있는 것이 제한적이다. 그래서 베드로와 마찬가지로 에니어그램 유형으로 그의 성격과 성장과정을 추정해볼 수 있다. 이렇게 해서 우리가 알 수 있는 것은 첫째 베드로가 전형적인 6번유형인데 비해 바울은 전형적인 1번유형이었다는 사실이다. 1번유형은 한 마디로 '원칙주의자'이다. 올바른 기준을 중시하며 자기자신만 아니라 다른 사람들도 그런 기준을 따라 살도록 강요하는 사람이다. 이런 사람은 때로 그 옳은 기준을 관철시키느라 주변 사람들의 마음을 상하게 할 수 있다. 예를 들어 바울의 이런 태도 때문에 마음이 상했을 법한 사람 중 한 사람이 바로 베드로이다. 안디옥에서 이방인과 식사하던 중 베드로는 야고보가 보낸 사람들이 이르자 그들에게 자신의 행동이 어떻게 비칠까 염려하여 과연 6번유형답게 급히 몸을 숨겼다(갈 2:12). 그런데 바울은 이런 베드로의 행동을 보고 그 야고보가 보낸 사람들을 포함한 여러 사람들 앞에서 베드로를 다음같이 질책했다. **"당신이 유대인으로서 이방인을 따르고 유대인답게 살지 아니하면서 어찌하여 억지로 이방인을 유대인답게 살게 하려느냐?"**(갈 2:14). 이러한 바울의 지적은 옳은 지적이었다. 그러나 그렇다고 해도 당시 교회의 수장이었던 베드로를 그렇게 많은 사람들 앞에서 부끄럽게 한 것은 역시 좀 과한 행동이었다고 볼 수 있다. 뿐만 아니라 바울은 1차선교여행 중 일행을 버리고 간 마가를 다시 데리고 갈 수 없다고 고집하면서 바나바와 심한 언쟁을 하기도 했다(행 15:37-39). 바울은 끝까지 물러서지 않았고 결국 이 때문에 두 사람은 갈라서고 만다. 역시 다른 사람의 마음보다는 지나칠 만큼 자신이 가진 원칙과 기준에만 치중하는 그의 성격이 드러나는 대목이다.

회심이후 그가 이러했으니 그 이전에는 어떠했을지 가히 짐작하고 남는다. 사도행전을 보면 실제로 그의 행동은 훨씬 더 과격하고 공격적이었다. **"예루살렘 교회를 잔멸하면서 각 집에 들어가 남녀를 끌어다 옥에 넘겼으며"**(행 8:3), 그리고도 **"그리스도의 제자들에 대해 위협과 살기가 등등하여 대제사장의 공문을 받아 다메섹까지 가서 그 도를 따르는 자들을 색출해오려 했다"**(행 9:2). 자신이 옳다고 여기는 바에 대해서는 일호의 양보도 없는 그의 성격이 그대로 드러나는 대목이다. 회심후 바울은 과거 자신과 비슷한 모습의 바리새인들을 일컬어 **"자신이**

옳다 믿는 바를 위해 힘써 하나님의 의를 불순종하는”(롬 10:33) 자들
이라 지적했다. 아마도 이런 그의 지적에는 과거 자기자신에 대한 반성
이 담겨 있었을 것이다.

　이 같은 1번유형의 딜레마는 자신의 이상을 추구하지만 자신도 사
람인지라 거기 미치지 못하는 자신의 본성과 갈등을 겪을 수밖에 없다
는 사실이다.[10] 아마도 회심이전만 아니라 회심이후까지도 그를 가장
괴롭혔던 것은 바로 이 같은 내적 갈등이었으리라 추정된다. 어쩌면 다
음과 같은 로마서의 진술은 바로 그런 자신의 내적 갈등에 대한 고백
이었을지 모른다.

> 내 속 사람으로는 하나님의 법을 즐거워하되 내 지체 속
> 에서 한 다른 법이 내 마음의 법과 싸워 내 지체 속에 있는 죄
> 의 법 아래로 나를 사로잡아 오는 것을 보는도다. 오호라 나는
> 곤고한 사람이로다. 이 사망의 몸에서 누가 나를 건져내랴(롬
> 7:22-24).

　이것이 바울 자신의 내면고백이라고 가정할 때 바울은 언제부터
이런 내적 싸움을 하고 있었을까? 확실히는 알 수 없지만 이 역시 그의
성격유형에 기초하여 추정해 볼 수 있다. 에니어그램 이론에 따르면 1
번유형의 부모는 대개 다음 중 한 종류의 부모일 가능성이 크다. 첫째
는 일관된 원칙 없이 부당한 요구나 징벌을 일삼는 부모이다. 둘째는
이와 반대로 자녀들에게 매우 엄격한 기준을 적용하면서 거기 따르지
못하는 자녀를 비난하고 정죄하는 부모이다.[11] 이 둘 중에서 바울의 부
모가 후자에 가까웠을 것은 의심의 여지가 없다. 왜냐하면 그가 회심전

자신의 과거에 대해 이렇게 회고하고 있기 때문이다. **"내가 내 동족 중 연갑자들보다 유대교를 따르는 데 더 적극적이었고 내 조상의 전통을 지키는 데 더 열정적이었다"** (갈 1:14). 여기서 '동족'이라 번역된 말은 가족이라고도 번역될 수 있는 말이며 '조상'이라는 말은 원래 아버지라는 뜻이다. 즉 그는 자신이 그의 가족중에서 가장 적극적으로 유대교를 따랐고 아버지의 가르침을 지키는 데 누구보다 열심이었다고 말하고 있는 것이다.

에니어그램 이론에 따르면 이렇게 부모가 엄격한 기준을 자녀에게 부과하는 경우 그 1번유형 자녀는 스스로 그런 부모보다 더 높은 기준을 세워 그 부모의 비난과 정죄를 넘어서려 한다. 과연 우리는 위의 갈라디아서의 고백대로 실제로 바울이 그러한 사람이었음을 알 수 있다. 그런데 문제는 역시 그런 바울 안에 그의 **"마음의 법과 싸워 그를 죄의 법 아래로 사로잡아가는"** (롬 7:23) 죄성이 공존한다는 사실이었다. 그런 죄성을 다스릴 수 없기 때문에 1번유형들은 그런 "자신에게 주어진 부담에 대해 스스로 의식하지 못하는 분노를 품게 되고,"[12] 또한 "특별히 자신처럼 충동과 감정을 통제하지 않는 사람들을 볼 때 더욱 분노하게 되고 그런 사람들의 자유와 방종에 대해 적개심을 품게 된다."[13] 우리는 회심전 바울이 그리스도인들에 대해 드러냈던 **"위협과 살기"** (행 9:2)가 바로 이런 것이었다고 볼 수 있다. 그렇다면 이것은 실상 그 자신 안에 있는 연약함과 죄성에 대한 분노를 밖으로 타인에게 투사한 것이다.

바울의 다메섹 체험은 그리스도께서 이런 그의 위선을 직면시킨 사건이었다고 볼 수 있다. 그런데 그것은 그리스도께서 단지 그렇게 그의 감춰진 위선을 드러낸 데 그치지 않고 그럼에도 불구하고 그를 택하신 은혜와 사랑을 나타내신 사건이었다. 그런 위선적 인간임에도 불구하고 그를 징벌하시기는커녕 도리어 당신의 이름을 세상에 전할 사명자로 특별히 그를 예정하신 것이다. 마치 그리스도께서 수가성 여인의 죄를 드러내셨지만 도리어 그것을 통해 그녀로 하여금 이웃에 복음을 전하는 자가 되게 하신 것과 같다. 노년의 바울은 이렇게 그가 받은 은혜에 대해 디모데에게 쓴 편지에서 다음같이 회고하고 있다.

> 미쁘다 모든 사람이 받을 만한 이 말이여. 그리스도께서 죄인을 구원하시려고 세상에 임하셨다 하였도다. 죄인 중에 내가 괴수니라. 그러나 내가 긍휼을 입은 까닭은 예수 그리스도께서 내게 먼저 일체 오래참으심을 보이사 후에 주를 믿어 영생 얻는 자들에게 본이 되게 하려 하심이라(딤전 1:13-16).

회심후 바울은 이전에 자신이 자기 죄는 감추고 도리어 그리스도인들을 죄인으로 몰았던 행동이 얼마나 가증스러운 위선이었는지 철저히 자기직면했다. 그러나 동시에 그럼에도 불구하고 그런 그를 용서하실 뿐 아니라 이방에 복음을 전할 그릇으로 택하신 하나님의 은혜에 감복했다. 아나니아의 안수를 통해 그가 되찾은 것은 단지 시력만이 아니었다. 그는 시력을 되찾는 동시에 이전과 전혀 다른 새로운 삶의 길을 찾았다. 그는 이제 자신이 사는 이유는 오직 자신 같은 죄인을 사랑하시고 심지어 그런 죄인을 위해 자기 몸을 버리신 그리스도를 위해서라고 고백한다.

> 내가 그리스도와 함께 십자가에 못 박혔나니 그런즉 이제는

내가 사는 것이 아니요 오직 내 안에 그리스도께서 사시는 것이
라 이제 내가 육체 가운데 사는 것은 나를 사랑하사 나를 위하
여 자기 자신을 버리신 하나님의 아들을 믿는 믿음 안에서 사는
것이라 (갈 2:20).

바울이 다메섹 체험을 통해 만난 하나님은 이전에 그가 믿어왔던
하나님과는 전혀 다른 하나님이었다. 이제껏 그가 섬겨왔던 하나님은
일호의 과오도 용납치 않던 바울 자신의 성격의 투영이었다면 이제 그
가 새롭게 만난 하나님은 그와 같은 위선자를 사랑하셔서 그를 위해
자신을 내어 주신 은혜의 하나님이었다. 이런 새로운 하나님과의 만남
은 그의 내적 변화로 이어졌다. 바울은 이제껏 그를 지배하던 내면의
폭군 대신 그렇게 그를 위해 자신을 내어 주신 새로운 주인을 모시고
살게 되었으며, 그러한 새 주인과의 관계 속에서 세상을 위해 자신을
내어 주는 그분의 형상으로서 살아가게 되었다.

자기실현과 영적 성숙

우리가 코헛의 자기심리학이 이야기하는 자기의 성숙과정을 숙고
해 보면 건강한 자아에는 두 종류가 있다는 것을 알게 된다. 첫째는 '사
랑을 받는 나'이다. 이런 '나'는 좋은 자기대상과의 관계 속에서 높은
자존감과 안정감을 가진 '나'이다. 그런데 코헛이 강조하는 것은 단지
이런 '나'만이 아니다. 오히려 더 중요한 것은 '사랑을 주는 나'로서 어
린시절 부모가 그랬던 것처럼 자신과 다른 사람들에게 좋은 자기대상

　　　　　　　　　　　　　　　　　　　Ⅲ. 성경 속의 심리학 - 성경과의 대화

이 돼 줄 수 있는 '나'이다. 어린시절 부모가 바라보던 '사랑스러운 어린 왕자'의 모습은 성인인 나에게 더이상 남아 있지 않다. 그러나 대신 나를 그렇게 사랑스럽게 바라봐 주던 부모의 마음이 내 안에 남아 있어서 그 부모를 떠나 살아갈 때도 부모가 그랬던 것처럼 자기자신을, 또 자기처럼 연약한 다른 사람들을 위로하고 일으켜 세워주는 사람이 된다.

이러한 과정은 에릭슨이 설명하는 성숙의 과정에도 부합한다. 에릭슨이 설명하는 발달과정은 크게 두 단계로 나누어 볼 수 있다. 첫째 영아기에서 청년기에 이르는 '성장'의 과정이다. 이것은 부모와의 건강한 상호작용을 통해 한 사람의 독립된 자아로 성장해가는 과정이다. 둘째는 장년기이후의 '성숙'의 과정으로 친밀한 가족이나 사회적 관계 속에서 자신을 내어주는 삶을 통해 자아통합을 이루어가는 과정이다. 우리는 이러한 에릭슨의 발달이론과 코헛의 자기심리학의 공분모에 해당하는 성숙한 인간상을 도출할 수 있다. 그것은 단지 자기자신만을 위해 사는 사람이 아니라 타인과 세상을 위해 자신을 내어줄 수 있는 사람이며 그런 가운데 자신의 인격적 완성을 이루어가는 사람이다. 진정한 자기의 실현은 이처럼 타인을 위해 자기를 내어주는 것과 대립되는 것이 아니라 오히려 서로 연결되어 있다.

기독교의 성숙은 이렇게 자기실현과 자기헌신을 서로 연결시켜 보지 않으면 올바로 이해할 수 없다. 이를 위해 먼저 생각해볼 것은 '자기부인(self-denial)'이라는 기독교적 가치에 대한 흔한 오해이다. 흔히 사람들은 자기실현과 자기부인이 서로 대립되는 개념이라 생각한다. 그러나 우리가 기억해야 할 것은 새로운 자기의 발견은 언제나 이전의 자기를 내려놓는 과정이라는 사실이다. 자기란 고정불변하는 실체가 아니라 끊임없이 새롭게 찾아지는 '나'이다. 그렇다면 우리가 찾아야 할 '진정한 자기'란 어떤 자기인가?

진정한 자기는 내가 타고난 유전적 특질도 아니고 부모나 사회로부터 독립하기만 하면 저절로 찾아지는 자기다움도 아니다. 사실 자기는 결코 사회적 관계를 떠나서 존재할 수 없으며 오히려 의미 있는 상호관계 속에서만 찾을 수 있는 것이다. 그렇다면 진정한 자기는 어떤 관계 속에서 찾을 수 있을까? 이 물음에 대한 기독교적인 답은 역시 궁극적으로 '하나님 안에서'라는 것이다. 그리고 그렇게 하나님 안에서 그리스도의 형상을 이루어가는 것이 바로 그리스도인의 자기실현이라 할 수 있다. 이러한 길은 거듭해서 이전의 자기를 버리고 새로운 자기를 찾아가는 과정이다. 사도 바울은 이렇게 자기를 부인하는 삶에 대해 다음같이 말한다. **"이제는 내가 사는 것이 아니요 오직 내 안에 그리스도께서 사는 것이라"**(갈 2:20). 우리는 이러한 바울의 삶이 단지 자기를 잃어버린 삶이라 생각해서는 안 된다. 그것은 단지 자기를 잃어버리는 것이 아니라 오히려 그것을 통해 새로운 자기를 찾는 과정인 것이다.

그런데 이런 바울의 자기실현은 동시에 타인과 하나님을 위해 자신을 내어주는 과정이었다. 자기란 결국 하나님 및 타인과의 관계 속에서 실현되는 것이기 때문이다. 이것은 단지 기독교적 관점에서만 그런 것이 아니라 일반심리학의 관점에서도 마찬가지이다. 우리는 심리학이 말하는 인간발달의 궁극적 목표가 자기실현이나 자아통합이라 알고 있다. 그런데 이러한 자기실현이나 자아통합은 사실 자기를 버리는 것과 동전의 양면을 이루는 과정이라는 점을 잊지 말아야 한다. 예컨대 에릭슨은 청소년기 이후 성인초기의 발달과제가 '친밀성(intimacy)' 형성이라 했다. 그런데 여기서 친밀성이란 에릭슨에 의할 때 "상당한 희생과 포기가 따를지라도 서로의 일치와 협력을 위해 서로에게 자기를 내어주는 능력"이다.[14] 에릭슨은 이렇게 자기를 내어주기 위해 먼저 그렇게 내어줄 자기가 확립돼 있어야 한다고 말한다.[15] 이것은 곧 성장기 자기 확립을 통해 성인으로서 자기를 내어줄 수 있는 준비가 이뤄진다는 뜻이다. 인간은 이렇게 자기를 확립하는 과정뿐 아니라 그 자기를 내어주는 과정을 통해 성숙한다. 이렇게 자기를 내어주는 삶의 실패는 성인으로서 자기실현의 실패를 의미한다.

한편 에릭슨이 말하는 중년기 발달과제는 '생산성 (generativity)'이다. 이 생산성은 "무엇보다 다음 세대를 생산하고 양육하는 데 쏟는 관심"을 의미한다.[16] 여기서도 에릭슨이 강조하고 있는 것은 역시 타자를 위해 자기를 내어주는 삶이다. 이러한 삶 없이는 진정한 자아성숙도 자아통합도 어렵다. 왜냐하면 자아의 통합이란 에릭슨에 의할 때 단순한 "자기애를 넘어선, 자기자신이 아닌 인간 자아에 대한 사랑"이기 때문이다.[17] 우리는 사도 바울이야말로 이처럼 자기를 넘어서는 인간에 대한 사랑의 실천을 통해 자아통합을 이루어간 사람이라고 볼 수 있다.

주지하듯이 사도 바울은 결혼하지 않았고 자녀도 갖지 않았다. 그렇다면 그는 친밀성과 생산성을 이루는 데 실패한 사람이라 봐야 할까? 물론 그렇지 않다. 우리는 그의 삶을 통해 진정한 자기실현에 이르는 데 가족보다 더 중요한 것이 그리스도와의 관계라는 것을 알 수 있다. 사실 회심이후 바울은 자신을 그리스도의 종으로 내어드리는 삶을 통해 그리스도와 깊은 친밀함을 형성했다. **"이제는 내가 사는 것이 아니요 오직 내 안에 그리스도께서 사는 것"**이라 고백하는 사람이 되었다.

그리고 바울은 이러한 헌신의 열매로 여러 교회들을 '낳았다.' 그는 고린도 성도들에게 보낸 편지에서 이렇게 말한다. **"그리스도 안에 일만 스승이 있으나 부모는 많지 아니하니 그리스도 예수 안에서 내가**

복음으로 너희를 낳았음이라"(고전 4:15). 또한 갈라디아서에서도 자신을 산모(産母)에 비유하여 "너희 속에 그리스도의 형상을 이루기까지 너희를 위하여 해산하는 수고를 하노라"(갈 4:19)고 말하고 있다. 우리는 이 '해산의 수고'가 바로 에릭슨이 말한 생산성(generativity)에 해당한다고 볼 수 있다. 에릭슨이 말하는 생산성은 단지 외적 성과만 아니라 내적 열매를 맺는 것을 의미한다. 사도 바울은 그의 헌신과 '해산의 수고'를 통해 외적으로 많은 교회들을 세웠을 뿐 아니라 내적으로 성숙의 열매를 이루어 갔다. 중요한 사실은 이러한 내적 성숙의 과정이 바로 그리스도의 형상을 이루는 과정, 즉 성화의 과정이었다는 사실이다.

우리는 이러한 바울의 성화 과정을 다시 코헛의 변형적 내면화 개념을 통해 설명해볼 수 있다. 코헛의 변형적 내면화 개념이 말해주는 것은 나에게 중요한 대상과의 관계 속에서 이루어진 성숙의 힘이 자기 안에서만 아니라 자녀를 비롯한 주변 사람들과의 관계에서 나타난다는 점이다. 예컨대 나의 부모가 그랬듯 나도 내 자녀에게 용기를 불어넣어 주는 아버지가 되고, 또 불안해하는 자녀를 따뜻하게 품어주는 어머니가 된다. 필자는 이런 과정을 이전논문에서 '성숙한 역전이(mature countertransference)'라는 용어로 개념화한 바 있는데,[18] 지금 여기서 다시 강조하고자 하는 바는 이러한 '성숙한 역전이'의 힘이 부모와의 관계 이전에 하나님과의 관계로부터 비롯된다는 점이다. 즉 하나님의 사랑과 위로가 우리의 관계 속으로 흘러 들어와서 자녀를 포함한 다른 사람들을 위로하고 격려하는 힘으로 작용한다. 바울의 사역에서 이러한 예를 바로 다음과 같은 이야기에서 찾을 수 있다.

찬송하리로다 그는 우리 주 예수 그리스도의 하나님이시
요 자비의 아버지시요 모든 위로의 하나님이시며 우리의 모든
환난 중에서 우리를 위로하사 우리로 하여금 하나님께 받는
위로로써 모든 환난 중에 있는 자들을 능히 위로하게 하시는
이시로다. 그리스도의 고난이 우리에게 넘친 것 같이 우리가 받
는 위로도 그리스도로 말미암아 넘치는도다. 우리가 환난 당하
는 것도 너희가 위로와 구원을 받게 하려는 것이요 우리가 위로
를 받는 것도 너희가 위로를 받게 하려는 것이니 이 위로가 너
희 속에 역사하여 우리가 받는 것 같은 고난을 너희도 견디게
하느니라(고후 1:3-6).

여기서 사도 바울은 극심한 시련 가운데 하나님으로부터 받은 위
로가 그와 비슷한 핍박을 경험하는 고린도 성도들 안에서까지 역사했
다고 이야기한다. 이러한 과정을 심리학적 견지에서 설명하자면 예수
그리스도로 말미암은 하나님의 위로가 고린도성도들과의 관계 속으로
연쇄적으로 전이되는 과정이라 설명할 수 있다. 즉 십자가를 지신 그리
스도의 인내와 사랑이 바울을 일으키고 더 나아가 그것이 바울을 통해
고린도교회 성도들을 일으켜 세우는 힘으로 작용하는 연쇄과정이다.
여기서 우리는 그리스도의 형상을 이루는 것이 단지 개인 안에서만 아
니라 그리스도를 따르는 성도들 안에 함께 이루어져가는 공동체적 과
정이라는 것을 알 수 있다.

인격의 영속성

처음에 『유년기와 사회』(1950)에서 에릭슨은 인생의 마지막 발달 과제가 '자아통합(ego-integrity)'이라고 주장했다. 그가 말한 자아통합은 "어떠한 물리적, 경제적 위협 속에서도 자신이 살아온 인생에 자긍심을 갖는"[19] 상태이다. 그런데 에릭슨은 정작 그 자신의 말년에 이르러 이러한 '자아통합'이 인생의 최종과제라는 자신의 주장을 재고해 보게 된다. 그 이유는 정작 자신이나 자기 또래의 사람들이 경험하는 노년기가 통합이 아니라 오히려 소중했던 것들을 하나씩 잃어버리는 상실과 해체의 과정이라는 사실에 직면했기 때문이다.[20] 노년에는 누구나 체력이 상실되고, 소중했던 사람들이 하나 둘 떠나가고, 또 사람들의 관심에서 스스로가 멀어져가는 것을 경험한다. 에릭슨은 원래 노년기 자아통합에 실패한 사람들이 절망을 겪는다 말했지만, 실제 그 자신이 경험한 노년기에는 그 누구에게나 절망이 불가피한 현실이라는 사실에 직면했다. 그렇다면 이렇게 절망이 불가피한 노년기에 여생을 성공적으로 잘 마무리하기 위해 필요한 것이 있다면 그것은 무엇일까? 에릭슨은 그것이 '신앙(faith)'이라는 결론에 이르렀다.

에릭슨은 이 신앙을 "어떤 종교적 맥락에서든 궁극적 타자라고 부를 수 있는 우주적 존재와 모종의 연합을 이루는" 것이라고 정의한다.[21] 그에 의하면 이러한 궁극적 타자와의 연합의 소망은 "갓난아이가 엄마라고 하는 최초의 타자와 서로 얼굴을 마주하는 경험에 기초하고 있다."[22] 그래서 결국 "인생의 마지막 과제는 다시 그 최초의 과제로 되돌아가게 된다."[23] 이러한 에릭슨의 주장은 "소망이 인간 삶의 가장 기본적인 역량이라는 사실"을 강조한다. 왜냐하면 인간은 "소망 없이 인

생을 잘 시작할 수도 의미 있게 마칠 수도 없"기 때문이다.[24]

아마도 이러한 에릭슨의 신앙적 결론은 그의 종교적 회심과 관련 있을 것으로 추측된다. 결혼이후 그는 아내 조앤(Joan)을 따라 기독교인이 되었다. 그러나 우리는 위와 같은 그의 신앙적 결론이 또한 그의 인간발달이론의 필연적 귀결이 아니었을까 하고도 생각해볼 수 있다. 즉 죽음 너머의 궁극적 존재와의 연합을 전제하지 않고 인간발달의 궁극적 목적과 의미를 찾을 수 없다는 것이 그의 결론이었으리라는 것이다.

우리는 동일한 결론을 말년의 사도 바울을 통해서도 도출할 수 있다. 말년의 바울은 차디찬 로마의 돌감방에서 머지않아 맞게 될 자신의 죽음을 예견하며 그의 영적 아들 디모데에게 이렇게 고백한다. **"내가 관제와 같이 이미 부음이 되고 떠날 기약이 가까웠도다"**(딤후 4:6). 우리는 지난 날 그가 겪었던 수많은 고난과 박해, 교회들을 위한 희생과 눈물을 떠올리면서 그 모든 것이 이 비참한 말년의 그에게 무슨 의미였을까 자문해 보게 된다. 혹자는 이런 그의 말년을 보며 그렇기 때문에 우리가 남들을 위해 살기 전에 먼저 자신을 위해 살아야 한다고 충고할지 모른다. 그런데 이것은 질문의 요지에서 벗어난 대답이다. 질문의 핵심은 설령 우리가 다른 아무것도 돌아보지 않고 아무쪼록 자아의 실현을 위해 달려왔다고 한들 이제 그것이 죽음을 당면한 우리에게 무슨 의미가 있겠느냐는 것이다.

이런 질문을 가지고 우리가 다시 말년의 바울을 생각해보면 그가 빌립보 교회에 보낸 편지에서 이렇게 고백한 말에 주목하게 된다. **"내게 사는 것이 그리스도니 죽는 것이 곧 얻는 것이라 (to die is to gain)"** (빌 1:21). 우리는 이전의 서신에서 그가 **"이제는 내가 사는 것이 아니**

요 오직 내 안에 그리스도께서 사신다"(갈 2:20)고 고백했던 것을 기억한다. 이것은 회심이전에 그가 가졌던 생각과 경험을 모두 배설물처럼 버리고 오직 그리스도의 심장으로 교회를 섬기며 살아온 그의 삶에 대한 고백이었다. 그렇다면 이 고백을 "내게 사는 것이 그리스도니 죽는 것이 얻는 것이라"는 고백과 연결시켜 보면 알 수 있는 것은 무엇인가? 여기서 바울이 말하는 '그리스도'가 그의 안에 내면화된 그리스도의 인격을 의미한다면 이러한 그의 인격이 죽음과 함께 소멸되지 않고 영원히 살 것을 그가 믿었다는 것이다.

우리는 인격적 변화를 단지 현세에 한한 것으로 생각하는 경향이 있다. 이것은 몸과 마음이 나뉠 수 없기 때문에 몸이 사라지면 마음도 사라진다는 유물론적 사고 때문일 것이다. 그러나 위의 빌립보서 1장 21절에서 알 수 있듯이 사도 바울의 믿음은 달랐다. 그는 그의 안에 내면화된 인격이 영속적이라 믿었다. 그런데 사실 이렇게 내면의 인격이 영속적이라는 것은 비단 사도 바울만 아니라 성경 전체가 증언하는 바이기도 하다.

물론 이미 Ⅱ부에서 살펴본 것처럼 인간의 프쉬케는 이 땅의 피조물로서 본질적으로 유한한 것이다. 예수께서 말씀하신 것처럼 "생명을 주는 것은 영"(요 6:36)이므로 하나님께서 그 영을 거두어 가시면 프쉬케는 그 생명력을 잃고 죽을 수밖에 없다. 그런데 이렇게 죽을 수밖에 없는 우리 프쉬케에 계속해서 하나님의 영이 함께하시면 우리는 죽어도 "산 자"(마 22:32)가 된다. 뿐만 아니라 하나님의 영은 우리의 프쉬케만 아니라 우리의 "죽을 몸도 살리신다"(롬 8:11). 우리가 에스겔서 37장의 환상에서 볼 수 있는 것처럼 하나님의 영이 죽은 사람에게 들어가면 그의 죽은 몸도 다시 살아난다.

　　그런데 여기서 유념해야 할 것은 우리의 프쉬케만 아니라 우리의 죽은 몸도 다시 살리시는 하나님의 영은 기본적으로 **"예수를 죽은 자 가운데서 살리시는 영"**(롬 8:11)이라는 사실이다. 이 말이 의미하는 바는 그 하나님의 영이 살리시는 것이 우리 안의 '그리스도'라는 사실이다. 그러므로 이제까지 살펴본 성경의 가르침들을 종합하면 첫째 플라톤이 생각했던 것처럼 우리 프쉬케가 그 자체로 영속적인 것은 아니지만, 그럼에도 불구하고 그것이 계속해서 생명을 누릴 수 있는 이유는 그것이 우리 안에 거하시는 하나님의 영으로 말미암아 그리스도에게 연합되어 있기 때문이라는 것이다. 사도 바울은 이렇게 그리스도와 연합된 우리의 프쉬케를 '우리의 속사람'이라 불렀다. **"그러므로 우리가 낙심하지 아니하노니 우리의 겉사람은 낡아지나 우리의 속사람은 날로 새로워지도다"**(고후 4:16). 예수께서 죽더라도 살리라고 하신 것은 바로 이러한 우리의 '속사람'이다. 그리고 또한 예수께서 하나님의 영이 다시 살리시리라 말씀하신 '몸'은 현재의 몸이 아니라 하나님께서 우리의 속사람에게 주시는 새로운 형체이다 (고전 15:49; 빌 3:21).

　　그러면 이상의 논의를 통해 우리가 도달할 수 있는 최종결론은 무엇인가? 그것은 우리가 지금까지 논의해온 내면의 성숙이 우리의 죽음을 통해 무의미해지기는커녕 썩지 않는 속사람의 열매를 맺게 된다는 것이다. 이것이 아마도 고린도후서에서 바울이 말하는 우리의 **"공적(功績)"**일 것이다. **"…그 날이 공적을 밝히리니 이는 불로 나타내고 그 불이 각 사람의 공적이 어떠한 것을 시험할 것임이라. 만일 누구든지 그 위에 세운 공적이 그대로 있으면 상을 받고…"**(고후 3:13-14). 그렇다면 우리가 이러한 상을 받기 위해서 이 땅에서 어떠한 삶을 살아야 할 것인가? 우리가 세상의 소유가 아니라 썩지 아니하는 하나님의 유업을 바란다면 우리는 성령을 따라 **"사랑과 희락과 화평과 오래 참음과 자비와 양선과 충성과 온유와 절제"**(갈 5:22-23)의 열매 맺는 삶을 살아야 할 것이다. 그 열매는 우리가 말하는 인격적 성숙의 열매이자 **"신의 성품에 참여하는"**(벧후 1:4) 성화의 열매이다.

IV

세상과 하나님 나라

- 유아심리학과의 대화

1

악의 심리학

Ⅲ부에서 우리는 성경 속에 감춰진 심리학이 어떤 것인지 살펴보았다. 이제 마지막으로 이 Ⅳ부에서는 다시 일반심리학과의 대화로 돌아와 일반심리학의 한 갈래인 유아심리학과의 대화를 통해 우리 인간의 영적 현실에 대해 고찰해보고자 한다. 유아심리학과의 대화를 통해 인간의 영적 현실을 고찰한다는 말이 이상하게 들릴지 모른다. 그러나 현재 우리의 영적 현실이 하나님과 분리된 현실이라고 할 때 우리 개인에게 있어 그러한 현실은 바로 우리의 출생으로부터 시작되었다. 그래서 우리는 신생아나 유아기의 삶에서 하나님으로부터 분리된 인간 실존의 원형(原型)을 관찰할 수 있다. 때문에 우리는 그러한 신생아나 유아기 삶을 조명하는 유아심리학을 통해 하나님을 떠난 인간 실존이 어떤 것인지 또한 유추해 볼 수 있는 것이다. 또 우리는 유아심리학과의 대화를 통해 그러한 인간의 현실속에서 하나님 나라를 이룬다는 것

이 어떤 의미인지도 유추해볼 수 있다. 그러면 이제 다음에서 먼저 하나님으로부터 분리된 인간의 영적 현실이 어떤 것인지부터 살펴보도록 하자. 여기서 우리가 중점적으로 살펴볼 것은 우리 현실에서 활동하는 악의 영에 대해서이다. 이를 위해 논의할 첫번째 주제는 유아기의 이른바 '박해 불안(persecution anxiety)'이다.

박해불안과 악의 영

"내가 모태에서부터 주의 붙드신 바 되었으며(By You I have been upheld from birth)"(시71:6 NKJV)라는 시편기자의 고백은 인간의 가장 근원적인 환경이 하나님이셨음을 시사한다. 위 말씀을 통해 우리는 하나님께서 어머니의 자궁보다 더 깊은 곳에서 우리를 안고 계신 이미지를 떠올릴 수 있다. 이처럼 태아가 하나님 품에 온전히 안겨 있다는 사실은 우리로 하여금 로망 롤랑(Romain Rolland)이 프로이트에게 질문한 '대양감(大洋感)'의 실체가 무엇인지 추론해볼 수 있게 한다. 대양감이란 롤랑이 프로이트에게 보낸 서신에서 자기 내면 깊이 존재한다고 고백한 "망망한 대해와 하나로 연결된 것 같은 신비한 느낌"[1]이다. 프로이트는 이것이 그가 태아기에 모체와 하나로 연결돼 있던 경험의 기억이라고 해석했다. 그러나 우리는 위의 시편 말씀에 기초하여 그러한 대양감이 모태에서부터 그를 안고 계셨던 하나님 품에 대한 기억이라 재해석해볼 수 있다. 우리는 또한 프로이트의 제자였던 오토 랑크(Otto Rank)가 왜 출생의 경험을 인간에게 가장 외상적 경험이라 했는지도 같은 맥락에서 재해석해볼 수 있다. 출생이 외상적인 까

　　　　　　　　　

닮은 그것이 단지 모태로부터 분리되는 경험일 뿐 아니라 그 태중에서부터 그를 안고 계셨던 하나님 품으로부터의 분리이기 때문이다. 랑크는 출생의 경험을 실락원(失樂園)에 비유하기도 했다.[2] 그런데 이것은 기독교적 관점에서 단순히 비유가 아니라 실제로 태아가 경험한 사건이라 할 수 있다.

이렇게 세상에 태어난 아기는 그렇게 출생으로 인해 잃어버린 하나님 품을 부지중 찾아 헤맨다. 그런데 유아심리학에 따르면 이런 아기가 잃어버린 그 하나님을 다시 만나게 되는 것이 바로 부모의 얼굴을 통해서다. 기독교심리학자인 제임스 로더(James Loder)는 이때부터 부모의 얼굴이 아기에게 "하나님 임재를 나타내는 중심"이 된다고 이야기한다.[3] 일찍이 칼 융(Carl G. Jung) 역시 부모의 얼굴이 유아가 신적 원형(divine archetype)과 조우하는 통로라고 말한 바 있다.[4] 에릭슨 역시 부모의 얼굴을 보고 환호하며 두 팔을 벌리는 유아에게서 종교적 예배의 원형을 발견한다.[5] 그런데 로더에 따르면 이렇게 부모의 얼굴을 보고 환호하는 아기에게서 목격할 수 있는 것은 단지 예배의 원형일 뿐 아니라 실제적인 하나님과의 만남이다. 출생으로 인해 하나님으로부터 분리됐던 아기가 그렇게 부모의 얼굴을 통해 다시 하나님과 재회하게 된 것이다. 이것은 마치 탯줄을 통해 공급되던 산소가 폐를 통해 새롭게 공급되기 시작한 것처럼 아기와 하나님 사이의 '영적 교제'가 새로운 방식으로 시작되었음을 의미한다.

그런데 아기와 하나님의 관계가 이렇게 부모의 얼굴을 통해 매개된다는 것은 그 매개체인 부모에 의해 그 관계가 왜곡되거나 가로막힐 수 있다는 것을 의미한다. 즉 아기에 대한 엄마나 아빠의 반응이 하나님의 얼굴을 제대로 반영해 주지 못할 때 아기는 또 다시 하나님 얼굴을 잃어버리는 고통을 겪게 된다는 뜻이다.

멜라니 클라인(Melanie Klein)은 프로이트 이후 실제로 그녀 자신의 자녀들을 포함한 유아들을 대상으로 유아정신분석을 시도했던 심리학자이다. 클라인은 유아들이 자신이 기대했던 것 같은 반응을 부모에게서 얻지 못할 때 공격적으로 분노하거나 울음을 그치지 않는 것 같은 행동을 관찰하면서 그런 행동이 그들의 '박해불안(persecution anxiety)'을 나타낸다고 해석했다. 그런데 이러한 클라인의 해석은 이미 당대부터 많은 논란을 야기했다. 그 논란의 핵심은 그런 박해불안이 근본적으로 무엇으로부터 기인한 것이냐는 문제였다. 클라인의 반대자들은 고전적인 프로이트이론을 따라 그런 불안이 유아의 욕구를 억압하는 그들의 부모로부터 기인했다고 보았다. 반면 클라인은 그런 박해불안이 그 유아들 안에 원래 내재하는 "원시적이고 파괴적 충동"에서 비롯된 것이라 주장했다. 유아들은 그런 자신의 공격성을 부모에게 투사해서 역으로 자신이 박해받고 있다고 여긴다는 것이다.[6]

클라인에 의하면 그녀의 이러한 해석은 프로이트가 『쾌락원칙을 넘어』(1920)에서 제시한 죽음충동 가설에 기초한 것이다. 원래 프로이트의 이론은 쾌락원칙과 현실원칙 사이의 갈등만을 전제하는 이론이었다. 그런데 『쾌락원칙을 넘어』에서 프로이트는 이른바 '죽음충동'을 기존의 성충동에 비견되는 또 하나의 본원적인 충동으로 정의했고, 그리함으로써 기존의 자신의 이론적 틀을 바꾸어 놓았다. 그러므로 클라인과 그녀의 반대파 사이의 갈등은 사실상 근원적으로 프로이트 자신에게서 비롯된 갈등이라 볼 수 있다.

한편 클라인에 의할 때 그녀의 새로운 해석은 철저히 그녀 자신의 "경험"에 기초한 것이었다.[7] 여기서 그녀가 말한 경험이란 세계대전

과 대공황 시기에 심각한 정신적 외상을 겪은 아이들을 치료하며 그녀
가 축적한 임상적 경험을 말하는 것이었다. 특히 그들에게서 그녀가 발
견한 것은 엄청난 공격성과 분노였다. 사실 프로이트가 새롭게 제시한
'죽음충동' 개념 역시 그가 1차 세계대전(1914~1918)의 참상을 통해
인간의 파괴적 충동과 공격성이 얼마나 엄청난 것인지 그가 몸소 경험
한 데 유래한 것이었다. 이로써 우리는 프로이트가 말한 '죽음충동'이
나 클라인이 발견한 그 '원시적 공격성과 파괴성'이 아이들 자신이나
그 부모에게서 유래한 것이기 전에 먼저 그들 밖에서 벌어진 전쟁에서
유래한 것이었음을 알 수 있다.

　　현대심리학의 맹점 중 하나는 인간의 생명력이나 파괴성이 모두
인간 자신에게서 비롯된다고 보는 점이다. 그런데 성경에 의할 때 인
간을 포함한 모든 피조물이 생육하고 번성하게 하는 생명력은 그들 피
조물 자신이 아니라 하나님으로부터 주어진 것이다. 한편 인간관계를
파괴하고 인간을 육체적, 정신적으로 죽어가게 하는 힘 역시 근본적으
로 인간 자신이 아니라 그들 밖의 악한 영으로부터 비롯된 것이다. 하
나님이 실재하듯 이런 파괴적인 영 역시 실재한다. 또 하나님의 영이
그러하듯 악의 영 역시 다양한 인간관계와 사회적 관계를 통해 역사한
다. 다시 말해 직접적이기보다는 간접적으로, 집단과 집단, 사회와 가
정, 부모와 자녀 관계 등을 통해 작용한다. 때로 그것은 파괴적인 전쟁
을 통해, 또 그러한 전쟁 속에서 본의 아니게 자녀를 학대하는 부모를
통해 작용하며, 또 그런 현실에 대해 사람들이 느끼는 두려움과 분노를
통해 작용한다. 여기서 우리는 하나님의 사랑이 사랑의 관계들을 통해
역사하는 것처럼 악의 세력 역시 파괴적인 관계들을 통해 역사한다는
사실을 알 수 있다. 클라인은 유아들이 자신의 공격성을 부모에게 투사

하여 그 부모를 가해자로 여긴다고 보았지만, 이런 그녀의 분석은 실제 부모이자 분석가였던 그녀 자신의 공격성을 투사한 것이었을지 모른다. 실상은 그 부모나 자녀 모두가 그들 안에서 역사하는 악의 영의 희생자인 동시에 부역자들이라 할 수 있는데 말이다.

O와 하나님 얼굴

클라인에 의하면 유아는 처음에 엄마를 통합된 한 사람으로 인식하지 못하고 '좋은 엄마'와 '나쁜 엄마'를 분리해서 경험한다. 클라인은 이것이 그 엄마와 자신의 "이상적 관계"를 보호하기 위해서라고 말한다.[8] 이것은 다시 말해 태중에서부터 유아가 엄마에 대해 가진 이상적 이미지를 지키기 위해 그 엄마를 둘로 분리시킨다는 의미이다. 그런데 유아가 세상에 나오며 잃어버린 하나님을 그 엄마의 얼굴에서 찾는다고 하는 우리의 가정에 따르면 그 유아가 지키고자 하는 것은 그 엄마의 얼굴 이전에 태중에서부터 그와 함께해온 하나님의 얼굴이라 볼 수 있다. 그렇다면 유아가 그 하나님의 얼굴을 지키기 위해 그것과 분리시키려 하는 '나쁜 대상'은 무엇일까? 그것은 곧 하나님을 반영하지 않고 도리어 그 하나님의 얼굴을 가리는 부모이다. 유아는 이 '나쁜 부모'를 '좋은 부모'에게서 분리시킴으로 하나님의 얼굴을 가리는 어둠을 물리치려 하고 있는 것이다.

유아는 모태에서부터 가져온 완전한 이상적 대상에 대한 신뢰를, 즉 하나님에 대한 신뢰를 '좋은 엄마'라는 중간대상을 통해 지켜간다. 그런데 그 엄마는 하나님이 아니므로 조만간 그런 유아의 신뢰는 깨어

　　　　　　　IV. 세상과 하나님 나라 - 유아심리학과의 대화

지기 마련이다. 그래서 거기에 충격을 받은 유아는 그 달라진 엄마의 얼굴에 불안과 공포를 느끼고 그 자리에 얼어버리고 만다. 클라인은 유아가 이렇게 같은 엄마에게 기쁨을 표현했다가 다시 공포와 적대감을 표출하는 것 같은 이중적 반응을 '편집분열적'이라 보았다. 그러나 사실 유아가 '좋은 엄마'로부터 '나쁜 엄마'를 분리시키려는 것은 영적 견지에서 봤을 때는 매우 당연한 일이며 오히려 건강한 반응이라고까지 말할 수 있다. 그것은 모태에서부터 누려왔던 완전한 신뢰의 대상을 빼앗기는 데 대한 저항이기 때문이다. 이때 엄마가 그 유아와 사이에 어느 정도 신뢰와 안정적 애착을 형성할 수 있다면 그 유아가 완전히 분열적 상태로까지 퇴행하게 되지는 않을 것이다. 그러나 그렇다고 해도 여전히 유아에게 하나님의 얼굴을 비춰주는 그 '좋은 엄마'를 두렵고 낯선 '나쁜 엄마'와 동일인으로 인식하는 데는 상당한 시간이 소요될 수밖에 없다.

클라인은 유아가 마침내 그 두 엄마를 동일인으로 받아들이게 된 상태를 '우울 자리'라고 불렀다. 이것을 '우울 자리'라고 부르는 것이 타당한 이유는 이로써 유아가 현실의 엄마와 지속적 관계를 이어갈 수 있게 된 반면 그 완전한 대상에 대한 신뢰와 환상을 잃어버리게 되었기 때문이다. '편집분열 자리'에서 '우울 자리'로의 이동은 유아의 정상적인 발달과정이라 할 수 있지만 이 두 자리를 클라인은 발달단계로 보지 않고 다만 '자리(position)'라고 지칭했다. 그 이유는 이후 유아의 발달이 어느 한 방향으로만 진행되지 않고 마치 방황하는 것처럼 두 자리 사이를 오가는 양상을 나타내기 때문이다. 우리는 이러한 클라인의 이론에서 인간 실존에 대한 매우 정확한 관찰과 묘사를 발견할 수 있다. 하나님을 떠난 인간은 과연 그녀의 표현대로 소망을 잃어버린 우울 상태와 환상적인 편집분열적 상태 사이를 오가며 방황하는 존재이기 때문이다.

클라인에 따르면 편집분열 자리와 우울 자리 사이를 오가며 방황하는 삶은 인간에게 불가피한 운명이다. 그런데 기독교적 관점에서 이러한 현실은 인간의 타락으로 말미암은 영적 현실이다. 흥미롭게도 우리는 가인이 낙원 밖으로 쫓겨나며 했던 다음 같은 말에서 클라인이 말한 '박해불안'의 원형을 발견할 수 있다. **"내가 주의 얼굴을 뵈옵지 못하리니 내가 땅에서 피하며 유리하는 자가 될지라. 무릇 나를 만나는 자마다 나를 죽이겠나이다"** (창 4:14). 이러한 두려움이 가인 자신의 공격성의 투사라는 사실보다 더 중요한 점은 가인과 그가 만난 자들 모두가 하나님의 얼굴을 잃어버린 자들이며 그래서 서로를 두려워하며 기피하게 된 자들이라는 사실이다. 그들은 모두 서로를 '자신을 죽이려는 자'로 생각하고 두려워하며 그 때문에 세상에서 방황하며 불안해하는 자들이다.

클라인의 유아심리학은 하나님을 떠난 인간 실존에 관한 흥미로운 유비 (analogy) 라고 할 수 있다. 이것은 아마도 유아의 출생과 성장 과정이 하나님을 떠난 인간 실존을 반복재생하고 있기 때문일 것이다. 이런 측면에서 우리의 주목을 끄는 또 한 명의 심리학자는 클라인을 이어 클라인 이론을 새롭게 발전시킨 윌프레드 비온 (Wilfred Bion) 이다. 비온은 사람들이 평생 클라인이 말한 두 자리 사이를 방황하는 것이 실상 그 두 자리 사이의 어떤 잃어버린 중심을 찾아 헤매는 양상이라 보았다. 그는 그 중심을 'O'라고 지칭했는데 이것은 필시 origin (근원) 의 약어일 것이다. 제임스 그로츠타인 (James Grotstein) 에 따르면 이 "O는 궁극적 실재로서 우리의 감각, 상상력, 관념 너머에 있는, 궁극적으로 알 수 없는 진실, 혼돈, 물자체" 이다.[9] 그것은 또한 "편집분열과 우울 자리 이전, 그 너머, 그것과 함께, 또는 그 이후에 존재하는 초월"이다.[10] 이런 추상적인 해설이 O에 대한 이해를 별로 더 쉽게 해주지 않지만, 사실 영적인 견지에서 볼 때 비온이 말한 O가 무엇인지는 자명하다. 그것은 바로 사람들이 자신도 모른 채 찾아 헤매는 하나님의 얼굴인 것이다.

고통의 진실

제임스 로더는 "3개월이후의 인간 발달이 그 인간성의 초월적 중심을 찾아 헤매는 일련의 암중모색"이라 묘사한다.[11] 이미 언급한 대로 로더에 의하면 이러한 유아들에게 그 잃어버린 '중심'과 동일시되는 것이 바로 엄마아빠의 얼굴이다. 자신에게 환히 웃는 엄마나 아빠의 얼굴에서 유아들은 자신의 존재감과 세상에 대한 신뢰를 다시 회복하며 그리로 향해 달려간다.

그런데 그들이 그렇게 기뻐하는 엄마아빠의 얼굴은 때로 그들에게 두려움과 분노를 일으키고 강한 수치심을 안겨주는 얼굴이기도 하다. 이때 그 엄마아빠를 향하던 유아들은 그만 그 자리에 얼어붙거나 자지러지는 울음으로 그 '나쁜 얼굴'에 대한 두려움과 분노를 표출한다. 그러나 그 부모의 징계를 반복 경험하면서 점차 아이들은 그 앞에서 자신의 분노를 감추는 법을 배운다. 그리고 다시 좋은 부모의 얼굴을 되찾기 위해 짐짓 미소를 짓거나 착한 아이의 행동을 가장하기 시작하는데 이것을 위니콧은 '거짓자기(the false self)'라고 불렀다. 이윽고 거짓이 그 유아와 부모 사이를 갈라놓기 시작한 것이다. 마치 에덴동산에서 뱀이 인간과 하나님 사이를 갈라놓았던 것처럼 말이다.

유아의 거짓자기를 사단의 거짓과 연결시키는 것이 지나친 비약이라 여겨질지 모른다. 유아들의 거짓자기는 대부분 의식적으로 부모를 속이려는 의도가 없는 무의식적인 자기방어에 지나지 않기 때문이다. 유아들은 그 부모에게 절대적으로 의존할 수밖에 없기 때문에 이러한 방어기제는 실상 그들의 생존을 위한 불가피한 선택일 수 있다. 그러나 그럼에도 불구하고 그것을 사단의 거짓과 연결시켜 볼 수 있는 이유는 그 결과가 바로 진정한 소통의 단절이기 때문이다. 즉 그러한 방어기제로 인해 유아들과 부모 사이의 진정한 소통이 단절되고 유아들의 마음이 안으로 닫히게 된다.

이러한 단절의 근원에는 불신이 있다. 즉 자신의 있는 모습 그대로를 수용받을 수 없다고 여기는 불신이다. 그래서 유아들은 거짓미소로 자신을 감추거나 착한 아이로 자기를 가장한다. 혹은 현실을 회피하고 자기만의 세계로 숨는다. 그런가 하면 마치 가인이 그렇게 한 것처럼 그들의 분노를 어린 동생이나 강아지, 인형 같은 제3자에게 퍼붓기도 한다.

그런데 여기서 한 가지 유념할 점은 이렇게 관계단절을 초래하는 거짓은 대개 그 유아들 자신에게서 비롯된 것이 아니라 그들 밖에서 유래한 것이라는 사실이다. 실상 더 큰 거짓은 부모에게 있는 경우가 많다. 아이들을 있는 그대로 받아들이지 않고 그들의 '착한' 반응만을 요구하는 부모의 태도는 그 자체가 하나님 얼굴을 가리는 '비진리'라 할 수 있다. 부모는 그들 자신이 어릴 적부터 내면화한 그런 비진리를 자기도 모르게 그들의 자녀에게도 전달한다. 비단 말로만 아니라 그들의 완고한 표정이나 차갑게 등돌리는 태도를 통해 그리하는 것이다.

미국의 정신치료자 스캇 펙(Scott Peck)은 자신의 환자가 부모에게서 크리스마스선물로 받은 권총의 예를 든다. 그 권총은 바로 그의 형이 자살할 때 사용했던 권총이었다. 그런 총을 아들에게 선물한 부모는 치료자 앞에서 결코 그들 자신들이야말로 치료가 필요한 병든 사람들이라는 사실을 인정하지 않았다. 그리고 그들은 그렇게 그들의 가정 문제를 우울증과 정신상담을 통해 외부에 폭로한 아들을 속으로 미워하며, 그 미움을 그 권총 선물을 통해 암묵적으로 전달했다. 펙은 이들 부모야말로 '악'이라는 병명으로 진단받아야 마땅한 진짜 환자들이라고 주장한다.[12]

펙은 "악의 본질적 구성요소는 자신의 죄나 불완전을 의식하지 못하는 것이 아니라 그러한 의식을 받아들이지 않으려는 점"이라고 지적한다.[13] 이런 사람들은 문제를 다른 사람에게 투사하여 책임을 전가함으로써 자신의 고통이나 죄책감을 회피하는 사람들이다. 반면 그들의 희생양들은 온갖 자책과 우울증, 무력감의 고통을 호소하며 병원에 찾아온다. 그래서 펙에 의하면 정말 본질적인 문제의 원인은 많은 경우 이들 정신과에 진료를 받으러 온 사람보다 겉으로 보기에 아주 '정상적인' 모습으로 파티나 회의에 참석하는 사람들에게 있다.[14]

펙은 고통을 호소하지 않는 사람은 환자로 보지 않는 현대정신의학의 상식에 이의를 제기한다. 통증을 못 느끼는 암환자나 고혈압환자를 환자가 아니라고 보는 것이 터무니없는 오진인 것처럼 진정 심각한 정신질환자도 스스로는 고통을 못 느끼는 사람들일 수 있다. 반면 현대사회에서 다른 사람들보다 유독 심한 고통을 호소하는 사람이 도리어 정신적으로 건강한 사람일 수 있다. 그들은 그런 고통에도 불구하고 그

고통의 현실을 직면하고 있는 것이기 때문이다. 반면 사단은 그런 현실을 은폐한다.[15]

펙의 주장과 같이 고통을 느끼는 사람이 도리어 더 건강한 사람일 수 있는 이유는 고통을 느끼는 곳이야 말로 진실을 대면하는 자리일 수 있기 때문이다. 고통은 거짓으로 인해 초래된 관계단절의 증상이다. 그것은 비단 인간관계가 단절된 증상일 뿐 아니라 하나님과의 관계가 단절된 증상이기도 하다. 유아들이 비정한 부모로 인해 고통받는 것은 그들이 '좋은 부모'의 얼굴을 잃어버렸기 때문만이 아니라 그 좋은 부모가 표상하는 하나님의 얼굴을 잃어버렸기 때문이다. 고통은 이처럼 하나님의 얼굴을 잃어버린 인간의 실체적 증상이다.

그런데 한편으로 고통의 현실은 그 잃어버린 하나님을 다시 만날 수 있는 가능성이 열리는 곳이기도 하다. 왜냐하면 하나님은 우리의 고통 속에 함께하시는 분이기 때문이다. 우리는 고통을 통해 십자가에서 우리와 그 고통을 나누신 숨파테이아의 하나님을 만난다. 하나님은 이러한 숨파테이아의 자리로 우리를 초청하신다. 왜냐면 그곳이야말로 진정한 치유와 구원이 시작되는 자리이기 때문이다.

거짓의 통로

위니콧에 따르면 거짓자기의 고통이 최종적으로 드러나는 곳이 바로 우리의 몸이다. 오랫동안 소아과 의사로서 아이들의 신체증상을 다루어 온 위니콧은 그러한 신체증상이 의식적으로 표현되지 못한 그들의 정서적 문제를 표현하고 있다는 사실을 발견했다. 예컨대 자신의 분

     IV. 세상과 하나님 나라 - 유아심리학과의 대화

노를 표현할 수 없었던 한 아이는 콧속에 울혈이 생기도록 코를 문질러 댔다. 다른 한 소녀는 새로 태어난 남동생에 대한 양가감정을 침대에 오줌을 싸는 것으로 표현했다.[16] 또 다른 아이는 불안과 자신감의 결여를 보상 받기 위해 강박적인 자위행위를 했다.[17] 어떤 소녀는 부모에 대한 불신을 음식에 대한 의심으로 전치시켜 거식증(拒食症)을 나타냈다.[18] 이러한 아이들의 이른바 '신체화' 증상은 그 아이들의 정서적 요구가 의식 안으로 받아들여지지 못한 채 그와 같은 신체증상을 통해 드러난 것이다. 그것은 그들의 의식을 관장하는 초자아가 그러한 그들의 내적 요구를 용납하지 않기 때문에 나타난 증상이라고 볼 수 있다. 예컨대 그 아이들의 초자아는 그들에게 이렇게 으름장을 놓는다. "동생보다 더 사랑을 받으려 하면 너는 버림을 받을 거야."

아이들의 초자아는 무엇보다 그들 부모의 음성의 내면화일 수 있다. 그런데 이러한 내면화에서 유념할 점은 그 부모가 어떤 사람이냐 하는 것보다 그 부모를 통해 어떤 영적 영향력이 작용하고 있느냐 하는 점이다. 에덴동산에서 하와를 유혹한 것은 뱀이지만 실상 주범은 그 뱀을 통해 하와를 속인 사단이었다. 이와 마찬가지로 아이들의 초자아는 그 부모 자신이라기보다 그것을 통해 전달되는 거짓의 소리일 수 있다. 그 부모의 말을 통해 전달되는 것은 단지 부모 자신의 생각이 아니라 그들 주변에 일반화된 사회적 편견이나 통념 등일 수 있다. 여기서 알 수 있는 것은 하나님께서 다양한 이차적 대상들을 통해 우리에게 말씀하시듯 사단 역시 다양한 차원의 매체들을 통해 우리를 속이거나 유혹할 수 있다는 사실이다.

첫째로 거짓의 통로가 될 수 있는 것은 역시 부모를 비롯한 타인들의 말과 행동이다. 그들의 언행이 하나님의 마음과 생각을 반영하지 못할 때 그것이 거짓이나 악의 통로가 될 수 있다. 또한 거짓의 통로가 되는 것은 또래집단이나 사회집단, 대중문화, 각종 정보나 매스미디어, 권력기관, 각계 전문가들의 메시지 등 무수히 다양한 것들이다. 일찍이 사도 바울은 우리가 세상에서 맞서야 할 것이 **"통치자들과 권세들과 이 어둠의 세상 주관자들과 하늘에 있는 악의 영들"**(엡 6:12)이라 했다. 이것은 이 세상의 실로 다양한 권력과 영향력들을 통해 악과 거짓이 확산될 수 있다는 것을 의미한다. 그러나 이것은 물론 그러한 다양한 권력이나 영향력이 모두 본질적으로 악한 것이라는 의미는 아니다. 원래 그것들은 하나님에 의해 선하게 창조된 피조물들이다. 다만 그것들이 인간의 타락으로 인해 하나님의 진리를 전하기보다 도리어 거짓과 악을 확산시키는 통로가 되고 말았다는 뜻이다.

펙은 이러한 사례의 하나로 베트남전 당시 미군의 한 특수기동대가 밀라이(My Lai)라고 하는 베트남의 작은 마을 주민들을 학살한 사건을 예시한다. 이 사건에서 첫번째로 악의 통로가 된 것은 전장의 스트레스에 짓눌려 있던 바커 기동대원들의 심리상태였다. 열대 밀림의 악조건과 전쟁의 포화 속에서 그들의 양심은 점점 마비되어가고 있었다. 주민학살이라고 하는 집단범죄는 이런 마비된 마음을 통해 자행되었다. 두번째로 악의 통로가 된 것은 "군인은 생각하지 않는다"는 군 특유의 집단 문화였다.[19] 세번째로 악의 통로가 된 것은 전쟁을 승진의 기회로 삼는 군고위층과 전쟁을 통해 자신들의 권력을 유지하려는 특정 정치집단이었다. 마지막으로 악의 통로가 된 것은 역설적이게도 전 세계를 '악의 세력'으로부터 지키는 나라라고 자부하는 미국의 국가 이데올로기였다.[20]

위 사례는 특수한 전쟁상황의 예이지만 악과 거짓이 이처럼 다

     IV. 세상과 하나님 나라 - 유아심리학과의 대화

양한 층위의 문화나 사회적 관계를 통해 유포되고 실행될 수 있다는 것을 잘 보여준다. 한국의 경우 1980년대 군부독재정권이 그들 정권의 정당성을 문제 삼는 국민의 저항을 잠재우기 위해 소위 3S(Sports, Screen, Sex) 사업을 진흥한 일이 있었다. 이로 인해 갑자기 폭증한 유흥업소 종업원들을 수급하기 위해 항간에 납치와 감금, 인신매매가 성행했다는 사실은 이제 널리 알려져 있는 사실이다. 이러한 사례에서 우리는 특히 여성이나 아이들의 몸이 최종적인 악의 타겟이 되는 것을 볼 수 있다.

현대사회에서 몸은 이중삼중의 복합적 의미를 지니고 있다. 첫째 그것은 성착취 등에서 볼 수 있는 것처럼 착취와 매매, 통제의 대상이 될 수 있다. 한편 미셸 푸코(Michel Foucault) 등에 의하면 현대사회에서 몸의 감시와 통제는 외적 강제를 통해서보다 개인의 자발적인 생각이나 선택을 통해 수행되는 경향이 있다.[21] 과도한 다이어트나 성형수술 같은 풍조에서 볼 수 있는 것이 그러한 예이다.

한편 현대사회에서 몸은 용인된 분출구를 찾지 못한 사람들의 욕망이 표현되는 최후의 통로일 수 있다. 문제는 이러한 표현방식 자체가 자신의 몸이나 타인의 몸을 해하는 폭력성을 띨 수 있다는 점이다. 이를테면 약물남용이나 문란한 성행위, 성적 학대 등이 그러한 예이다.

코헛이 말한 '성행동화(sexualization)'는 충족되지 못한 자기애적 욕구가 성적인 일탈행동을 통해 표현되는 양상이다.[22] 이것의 일례로 오늘날 청소년들이나 청년들 가운데 횡행하는 '몸캠' 올리기 같은 현상을 생각해 볼 수 있다. 이것은 일종의 신체화 현상으로서 치열한 경쟁사회에서 억눌린 정서적 욕구나 스트레스가 변태적으로 표출되는 양상이라 볼 수 있다. 또한 그것은 동시에 성을 상품화하는 현대문화의 반영이며 자신이나 타인의 몸을 착취의 대상으로 삼는 폭력적 현대문화의 일면이기도 하다.

그리스도의 십자가는 이 같은 착취와 학대의 대상이 되어버린 우리 몸을 대속하신 대속의 표징이다. 그 십자가는 또한 세상의 악과 거짓이 어떻게 다양한 권력과 폭력에 의해 자행되고 있는지 드러내는 표징이기도 하다. 또한 그리스도의 십자가는 그러한 세상의 악과 거짓을 심판하시는 하나님의 공의로운 심판의 표징이다. 그리스도의 십자가는 또한 그렇게 신체화되어 나타나기까지 우리 안에 억압되고 감춰진 고통을 온몸으로 체휼하신 숨파테이아의 표징이다. 그리스도는 지금도 그렇게 우리의 고통이 감춰진 그 깊은 곳에서 우리와 함께하신다. 때문에 그리스도의 십자가는 세상 그 누구도 흉내낼 수 없는, 가장 깊은 차원의 공감이라 할 수 있다.

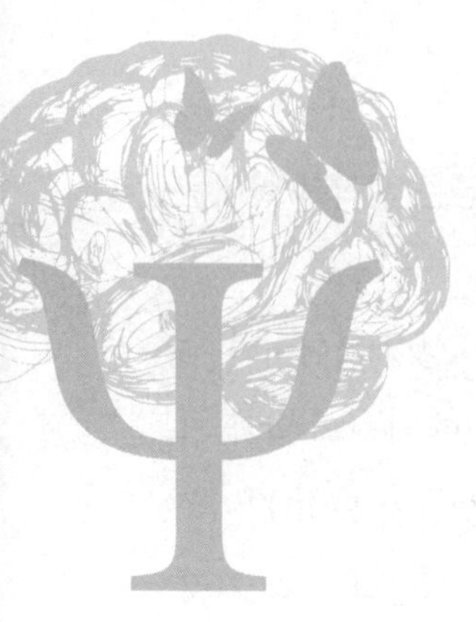

<h1 style="text-align:center">2
치유의 공동체</h1>

진리요법

기독교치유사역자인 닐 앤더슨(Neil T. Anderson)은 내적 치유에 있어 가장 중요한 것이 자신이 그리스도 안에서 어떤 존재인지 아는 것임을 강조한다.[23] 그에 따르면 우리의 불안, 우울증, 자살충동, 각종 중독 같은 내면의 문제들은 근본적으로 사단의 거짓에 의해 왜곡된 자기인식의 결과이며, 그래서 그것의 해결책은 성경의 진리로 그런 거짓을 물리치고 진리에 기초한 새로운 자기정체성을 확립하는 데 있다. **"진리를 알지니 진리가 너희를 자유케 하리라"**(요 8:32)는 말씀의 의미가 바로 그것이라는 것이다. 이 같은 믿음에 기초하여 이루어지는 앤더슨의 내적 치유는 기성의 심리치료방법들과 비교할 때 대체로 인지행동치료(cognitive behavioral therapy)와 유사한 접근이라 할 수 있다. 왜냐면 인지행동치료 역시 자기인식과 행동의 변화를 강조하는 치료법이기 때문이다. 인지행동치료 역시 불안이나 우울증 같은 정신질환의 원인이 무엇보다 근본적으로 자기자신에 대한 그릇된 신념에 있다고 본다. 사실 앤더슨뿐 아니라 마크 맥민(Mark MacMinn), 샹양 탠(Siang-Yang Tan), 윌리엄 배커스(William Backus) 같은 기독교적 인지행동치료자들 역시 기본적으로 비슷한 전제 위에서 치료를 시행한다. 즉 진리에 기반한 자기인식의 강화를 통해 내면의 부정적 사고나 감정, 행동습관들을 고쳐 나아가는 것이다.

앞의 Ⅱ부에서 살펴본 대로 고금(古今)의 심리학과 성경은 대체로 인간의 마음을 지정의(知情意) 세 영역으로 나누어 보고 있다. 닐 앤더슨의 내적 치유나 기독교적 인지행동 치료는 특별히 그 중에서도 생각의 중요성을 강조하는 치료법이다. 생각이 바뀔 때 감정이나 행동도 따라서 바뀔 수밖에 없다는 관점에 기초한 치료법인 것이다. 특히 앤더슨의 내적 치유나 아테프 메시레키(Atef Meshreky)의 보혈선포기도는 하나님 말씀을 자기자신에게 선포하는 '말씀선포'의 중요성을 강조한다.[24] 하나님께서는 말씀으로 우리를 창조하셨다. 때문에 우리는 우리의 몸과 마음을 하나님의 말씀으로 새롭게 할 수 있다. 마치 에스겔이 마른 뼈들을 향해 하나님 말씀을 대언한 것 같이 매일의 삶 가운데 하나님의 말씀을 우리 자신에게 선포함으로 우리의 고갈된 마음과 몸이 살아나게 할 수 있다. 그런데 이러한 변화는 심리학적 관점에서 볼 때 역시 먼저 우리의 생각이 하나님 말씀에 따라 변화됨으로써 우리의 감정과 행동도 그에 따라 변화되는 것이라 할 수 있다.

그런데 마크 맥민도 인정하듯이[25] 감정과 행동이 반드시 생각의 변화에 뒤따르는 것은 아니다. 실제로는 무의식적인 감정이나 행동이 우리의 생각보다 앞설 때가 많다. 신경학적 차원에서 보더라도 인간을 포함한 동물들의 자율신경계는 위험에 처했을 때 의식의 지령을 받기 전에 먼저 싸울지 도망갈지를 반사적으로 판단한다. 또한 애착 이론에 따르면 어린 시절 중요한 애착관계에서 형성된 '내적 작동 모델(internal working model)'은 성인이 된 이후에도 대인관계 등에 무의식적인 영향력을 미친다.

물론 이러한 무의식적 반응을 의식에 떠올려 성찰하는 이른바 '정신화(mentalization)'의 과정이 그러한 감정이나 신체반응에 점진적 변화를 가져올 수 있다. 하나님의 말씀을 읽고 되새기면서 자신의 감정을 지배해온 비진리에 대항하는 것도 그와 유사한 방법이라 할 수 있다. 그런데 정신치료에서 진정으로 이런 정신화가 효과를 거두려면 내담자의 무의식적 감정에 대한 깊은 공감적 이해가 선행돼야 한다. 이러한 치료자의 공감적 이해를 통해 두려움이나 분노 등 내담자의 깊은 무의식적 감정이 충분히 드러날 수 있고 그것을 통해 그런 자기성찰이 실효를 거둘 수 있기 때문이다. 이것은 성경적인 진리요법에서도 마찬가지이다. 먼저 치유적인 인간관계 속에서 깊은 공감과 수용이 이뤄지지 않으면 하나님 말씀의 선포가 자칫 사람들로 하여금 자신을 다른 사람과 하나님 앞에서 감추기에만 급급하도록 만들 수 있다. 아담과 하와가 하나님의 음성을 피하여 숨었던 것처럼 사람들은 하나님의 말씀 앞에서 자기를 숨기려는 경향이 있다.

그러므로 성경의 진리와 대면하기 위해서는 먼저 그 자신의 진실과의 대면이 이뤄져야 한다. 진실에 해당하는 헬라어 '알레테이아(ἀλήθεια)'는 하나님 앞에서 진정한 자기 모습을 감추지 않는 것이다. 예수께서 수가성 여인에게 말씀하신 대로 하나님께서는 **"영과 진정으**

로"(요 4:23) 하나님을 예배하는 자를 찾으신다. 이것은 곧 거짓없는 내면의 진실을 가지고 하나님께 나아오는 사람이 진정으로 하나님을 만날 수 있다는 의미이다. 하나님 말씀의 치유적 능력은 이처럼 정직한 심령 위에 임하는 은혜이다.

우리가 이렇게 정직한 심령으로 하나님께 나아가기 위해서는 먼저 우리를 있는 그대로 용납하신 그분을 믿음으로 바라보아야 한다. **"실로 우리의 질고를 지고 우리의 슬픔을 당하신"**(사 53:4) 그분 앞에 우리의 아픔과 슬픔을 정직하게 토로할 수 있어야 한다. 이를 위해 우리에게 필요한 것은 역시 서로를 용납하며 하나님의 얼굴을 비춰주는 신앙의 공동체이다.

하나님 얼굴을 비추는 공동체

나 자신이 누구인지 '믿음으로' 안다고 할 때의 앎은 단순히 지적인 앎이 아니라 하나님에 대한 전인격적 신뢰를 바탕으로 하는 것이다. 그러한 신뢰를 바탕으로 세상이 자신을 어떻게 평가하든 굴하지 않고 하나님을 바라볼 수 있기 때문이다. **"하나님 앞에서 너희 말을 듣는 것이 하나님의 말씀을 듣는 것보다 옳은가 판단하라"**(행 4:19)고 한 베드로에게서 볼 수 있는 자세가 바로 그런 것이다.

그런데 현실적으로 세상에서 이렇게 하나님만 바라보고 살아간다는 것은 결코 쉬운 일이 아니다. 그것은 무엇보다 하나님이 눈에 보이지 않으시기 때문이다. 눈에 보이는 것은 온통 세상 사람들의 반응이며 귀에 들리는 것은 사람들의 평가이다. 앞서 말한 것처럼 이러한 세상사람들의 반응과 평가는 우리를 속이는 거짓의 통로가 될 수 있다. 이때 우리에게 필요한 것이 서로를 하나님의 눈으로 바라보며 하나님의 말씀으로 권면하는 믿음의 사람들이다.

하나님은 함께하는 교우들을 통해 우리에게 당신을 나타내신다. 그들이 나누는 사랑과 권면을 통해 당신의 마음과 뜻을 전하신다. 이런 교우관계는 하나님과의 관계와 서로 맞물려 있어서 교우들의 사랑이 깊어질수록 하나님에 대한 사랑도 깊어진다. 교우들간의 신뢰가 깊어질수록 하나님 말씀에 대한 신뢰도 굳건해진다.

그러나 물론 실제로 우리의 교우관계는 항상 이렇게 이상적이지만은 않다. 심리적 측면에서 실제 교우관계는 사람들이 가져온 온갖 내적 문제와 관계적 문제들로 얽혀 있는 혼돈의 장일 때가 많다. 교인들의 해결되지 못한 심리적 문제가 목회자나 교우들의 관계에 투영되고, 가족간의 문제나 교회 밖의 문제들이 교인들 사이의 갈등으로 재연된다. 많은 경우 교회 안의 문제는 일반 사회에서 일어나는 문제의 축소판이다.

그렇기 때문에 실제로 교회현장은 위로나 권면보다는 도리어 수난의 장일 때가 많다. 그런데 목회자들이 겪는 어려움을 포함하여 이렇게 교회현장에서 경험되는 '수난'은 그 자체가 우리에게 주어진 사명이라고 할 수 있다. 그리스도의 십자가는 사람들의 수치와 분노가 투사되는 대상인 동시에 그리스도께서 그런 수치와 분노를 온몸으로 받아내신 수난의 표징이다. 우리는 때로 우리 자신에게도 투사되는 그런 사람들의 수치와 분노를 수용하고 인내하는 과정에서 그러한 그리스도의 수난에 동참한다. 그리고 이렇게 그리스도의 수난에 동참하는 가운데 그리스도의 위로에도 동참하게 된다. 나아가 그런 그리스도의 위로의 능력이 우리 안에서 역사하는 것같이 우리 교우들의 안에서도 역사하게 된다. 우리가 서로에게 하나님의 얼굴을 발견하는 것은 바로 이러한 과정을 통해서이다.

레슬리 뉴비긴(Lesslie Newbigin)은 "역사 속에서 교회는 하나님 나라의 표징이자 전조(前兆)였다고" 말한다.[26] 그러나 이 말은 교회가 역사 속에서 항상 불의한 세상과 대비되는 평화와 정의의 구현체였다는 의미는 아니다. 오히려 역사 속의 교회는 모순과 위선, 비겁과 타협으로 점철된 현장이었다. 그러나 그럼에도 불구하고 교회가 '하나님 나라의 표징이자 전조'라고 한 뉴비긴의 말은 무슨 의미로 이해해야 할까? 그것은 그러한 교회의 실패 가운데서 항상 함께하시는 하나님의 은혜가 나타났고 그런 교회의 연약함 가운데서 하나님의 역사가 이루어져왔다는 의미이다.[27] 우리는 이러한 뉴비긴의 말을 우리의 교우관계에도 똑같이 적용해 볼 수 있다. 즉 우리의 교우관계에도 수많은 갈등과 문제가 발생하고 그로 인해 여러 관련자들이 고통을 겪지만, 그리스도와 함께 그러한 수난에 동참하는 가운데 교회는 세상에 그리스도의 은혜와 사랑을 증거하는 공동체가 될 수 있다. 우리가 그리스도의 수난에 동참할 때 그리스도의 생명도 우리를 통해 나타날 것이기 때문이다.

한 가지 구체적인 예로 들 수 있는 것이 오늘날 한국사회에 심각한 가족 해체의 문제이다. 오늘날 한국 사회에는 전체 대비 1인가구 비중이 40%에 육박할 만큼 가족해체 현상이 가속화되고 있다. 그것은 비혼, 이혼, 별거, 분거 등 다양한 이유로 가족과 떨어져 살아가는 사람들이 그만큼 급증하고 있다는 의미이다. 이런 상황에서 교회가 여전히 4~5인으로 구성된 소위 '정상가족'들을 주된 구성원으로 하고 있다는 사실은 결코 자랑만 할 일이 못된다. 외견상 그러한 '정상가족'을 유지하고 있지만 사실상 깨어진 가정이 교회에 무수할 뿐 아니라, 실제로 갈라선 부부나 그 가정의 자녀들이 교회에 적응하지 못하고 소리 없이 교회를 떠나고 있기 때문이다. 이런 현실을 덮고 외면하는 것이 교회의 의가 될 수 없음은 두 말할 나위 없다.

세상의 소망이 되기 위해 교회는 오히려 그러한 문제들이 표면적으로 드러나는 곳이 되어야 한다. 이것은 교회공동체로서는 고통스러운 경험일 수밖에 없다. 왜냐하면 그들 안에 감춰왔던 상처와 아픔들이 드러나고 그것이 교우관계에까지 여러 파생적인 문제들을 야기할 수 있기 때문이다. 예컨대 교인들간의 비교와 시기, 오해와 갈등 같은 것이 그런 문제들이다. 그러나 이러한 문제들과 씨름하며 깨어진 가정의 짐을 함께 지는 것이 오늘날 교회에 주어진 사명일진대, 이런 사명을 감당하는 가운데 교회는 그리스도의 인내와 사랑을 배우며, 용서를 실천하며 과연 세상 속에 하나님 나라를 나타내는 표징이 될 수 있을 것이다.

한편 이러한 교회의 실천은 세상 가운데 만연한 거짓을 폭로하고 하나님의 진리를 선포하는 일이 된다. 깨어진 가정의 아픔을 함께 아파하는 것은 그 자체로 세상의 거짓에 맞서는 일이다. 그것이 오늘날 만연한 개인주의나 성적 방종 이면에 감춰진 상처와 고통을 드러내고 가려져 있는 거짓을 직면하는 일이기 때문이다. 또한 우리는 진정한 행복이 자기애적 환상이나 쾌락의 추구를 통해 얻어지는 것이 아니라 서로 십자가를 지는 사랑과 인내를 통해 얻어진다는 사실을 단지 말로만 아니라 삶을 통해 세상에 이야기해야 한다. 참으로 세상의 거짓에 맞서 승리하는 것은 이 같은 실제적인 삶의 이야기들이다.

진리와 거짓

우리는 이 책 서두를 AI의 발전으로 인해 인간이 AI보다 못한 존재로 전락할지 모른다는 현실의 위기에 대해 이야기하는 것으로 시작했다. 유발 하라리에 의하면 이러한 위기의 심각성은 단순히 산업현장에서 AI가 인간을 대체함으로 사람들이 일자리를 잃어버리는 수준에 그치지 않는다. 물론 단기적으로 그러한 문제가 심각한 문제일 수 있다. 그러나 하라리가 보기에 보다 더 심각한 문제는 AI가 인간의 삶의 이야기를 만들어내기 시작했다는 것이다. 그런데 이것이 왜 그렇게 심각한 문제인가? 이를 이해하기 위해서는 먼저 하라리가 기술하는 인류의 역사에 대한 약간의 선이해가 필요하다.

하라리에 의하면 인간은 사실상 다른 유인원들과 근본적으로 다르지 않은, 고등한 영장류의 일종에 지나지 않는다. 그러나 이러한 인간이 다른 동물들을 지배하며 현재의 인류문명을 이루어낼 수 있었던 이유는 무엇인가? 하라리에 의하면 그것은 그들 다수가 함께 믿고 따르는 '이야기'를 만들어낼 수 있었기 때문이다.[28] 이런 이야기가 왜 그렇게 중요하냐면 그런 이야기를 통해 서로 알지도 못하는 수많은 사람들이 서로 하나로 연결되고 함께 협력할 수 있게 됐기 때문이다. 예컨대 고대의 '신화'라는 것은 그것을 신봉하는 수많은 사람들을 동원해서 이웃 부족과 전쟁을 치르게 하거나 신과 지배자를 위해 대규모 토목공사에 참여하도록 만들었다. 하라리에 의하면 이러한 이야기의 힘, 다른 말로 '허구'의 힘은 오늘날에도 여전히 유효하다. 그것은 이전과는 다른 방식이지만 여전히 현대사회에도 각종 언론 메시지나 정치이념, 통화제도나 주식시장, 종교예식 같은 사회시스템을 통해 우리의 삶을 지

　　　IV. 세상과 하나님 나라 - 유아심리학과의 대화

배하고 있다.

그런데 오늘날 AI의 발전에 의해 새롭게 대두되는 문제는 인간이 아닌 AI가 그런 이야기를 새롭게 지어낼 수 있게 되었다는 사실이다. "AI가 새로운 시대의 종교까지도 만들어낼 것"이라고 하라리는 경고한다.[29] 이 말은 인간 자신이 아닌 AI가 인간이 무엇을 꿈꾸고 무엇을 위해 헌신해야 할지 지시하게 되었다는 의미이다. "어쩌면 역사최초로 정말 인간이 아닌 존재가 인간을 지배하게 될지 모른다"고 하라리는 다가올 미래의 암운(暗雲)을 예견한다.[30]

그런데 하라리의 이러한 주장에는 한 가지 맹점이 있다. 그것은 왜 그렇게 많은 사람들이 그러한 '허구'를 믿고 따르는지 묻지 않는다는 것이다. 과거나 지금이나 사람들은 아무 이유 없이 아무 이야기나 그렇게 쉽게 믿고 따르지 않는다. 하라리 자신 같은 무신론자들이 그렇게 간단하게 '허구'라고 판단하는 이야기에 왜 그렇게 많은 사람들이 과거만 아니라 현재까지도 그렇게 자신의 목숨을 바치면서까지 따르는지 잘 설명하지 못한다. 적어도 그는 이제까지 오랜 세월동안 심리학자들이 던져온 질문, 인간이 그러한 이야기를 통해 근본적으로 갈망하는 것이 무엇인지 진지하게 물어야 할 것이다.

물론 인간의 갈망이 근본적으로 무엇을 향한 것인지에 대한 학자들의 대답은 여전히 분분하다. 앞으로도 그것에 관한 합의가 쉽게 이루어질 것 같지 않다. 아마도 그 이유는 서로 다른 학자들의 주장이 모두 기본적으로 하라리가 말한 것 같은 일종의 '이야기'들이기 때문일 것이다. 인간이 근본적으로 어떤 존재이며 무엇을 지향하는지에 대한 다양한 학자들의 주장은 —비록 과학의 외관을 갖추고 있을지라도— 역시 어떤 신이 참신인지에 관한 종교적 이야기와 마찬가지로 일종의

'이야기'이다. 본질적으로 그것은 논리 이전에 어떤 핵심신념이나 가치에 바탕을 둔 이야기인 것이다. 이런 점에서는 하라리의 책이나 필자의 이 책조차도 모두 마찬가지이다.

필자는 이 책에서 인간이 가진 갈망이 근본적으로 하나님을 향한 갈망이자 **"영원을 사모하는 마음"**(전 3:11)이라 전제했다. 그리고 그런 전제에 따라 여러 심리학 이론이나 성경과의 대화를 시도했다. 특별히 이 마지막 IV부에서는 하나님을 잃어버린 인간이 부모를 위시한 다양한 세상의 피조물들 가운데서 그 잃어버린 하나님의 얼굴을 찾다가 결국 좌절하는 현실에 대해 이야기했다. 그러나 하나님의 영은 이런 현실 속에서도 우리로 하여금 하나님의 말씀과 하나님 얼굴을 구하는 사람들 가운데서 그 하나님의 자취를 발견하도록 이끄신다. 반면 세상의 영은 우리로 하여금 그 거짓에 속아 하나님 아닌 다른 대상들을 하나님처럼 섬기거나 하나님이 없다고 믿게 만든다. 이런 거짓의 속삭임들이 좀더 제도적 형식을 구비하거나 공식적 위상을 얻게 되면 소위 '지배적 담론'이 된다. 그런데 사람들의 마음을 움직이는 이야기는 실로 다양해서 이런 지배담론만 아니라 온갖 가십이나 SNS 메시지, 전문가들의 논평, 각종 '거짓뉴스'에 이르기까지 그 종류가 이루 다 헤아릴 수 없을 만큼 많다.

그러나 이런 세상의 이야기들이 하라리의 말처럼 모두 완전히 '허구'인 것은 아니다. 그 속에는 참과 거짓이 뒤섞여 있다. 그중 어떤 것이 참이고 어떤 것이 거짓인지 여기서 새롭게 논의를 시작할 수는 없다. 그것의 판단은 근본적으로 논리보다는 각자의 믿음에 따른 것이기 때문이다. 다만 필자가 여기서 강조하고 싶은 점은 그 참과 거짓의 차이는 결국 예수님의 말씀처럼 그 열매로 드러나리라는 점이다. 참된 이야기를 따라 사는 길, 다시 말해 참된 목자의 음성을 따라 사는 길은 **"생명을 얻게 하고 더 풍성히 얻게"**(요 10:10) 하는 길이다. 반면 거짓의 유혹을 좇아 사는 길은 창세이래 늘 그래왔던 것처럼 결국 죽음과 상실, 여러 모양의 고통으로 귀결되는 길이다.

필자는 하라리 같은 현대지성인들이 두려워하는 것이 과연 AI를 비롯한 현대과학의 진보 자체일까 의심한다. 인류 역사를 통해 인간은 심지어 현대에 이르기까지 거의 언제나 자기 스스로 만든 것이 아니라 다른 누군가에 의해 만들어진 이야기를 따라 살아왔다. 누가 만들었는지 알 수도 없는 '지배서사'를 따라 때로는 기만과 착취를 당하며 심지어 자신의 생명까지도 바치며 살아온 것이 지금까지 인류의 역사이다. 그렇다면 이제 하라리의 말처럼 그 이야기를 사람이 아닌 AI가 쓰게 되었다고 해서 상황이 이전과 달라졌다고 볼 이유가 있을까? 그런 '비인간'의 지배 때문에 우리 삶이 이제까지보다 더 비인간화될 것이라 염려해야 할까? 그렇게 보기에 인류는 이미 충분히 비인간적인 지배와 착취를 겪어 왔고 또 그것을 극복해 오지 않았는가? 그런데 이제까지 인류가 신봉해온 이야기들이 모두 '허구'였다는 사실을 그렇게 잘 아는 하라리 같은 지성인이 새삼 AI가 만든 '허구'에 대해 염려하는 이유는 무엇인가?

하라리도 이런 정도 질문을 스스로 해보지 못한 것이 아니라면 진정으로 그가 두려워하는 것은 실상 따로 있을지 모른다. 만일 그렇다면 그것은 무엇일까? 필자의 의심은 그가 두려워하는 것이 사실 AI가 하는 이야기가 아니라 그 자신이 하고 있는 이야기가 아닐까 하는 것이다. 그가 하는 이야기란 대략 이런 것이다. 즉 인간은 사실상 동물과 다를 바 없는 존재일 뿐 아니라 앞으로 AI보다 못한 존재로 전락할 가능성이 크다. 그래서 AI가 지시하는 대로 살아가게 될지 모른다. 그런데 그렇게 되더라도 거기에 대항하는 논리의 근거가 될 인간의 가치는 찾기 어렵다. 또한 역사가 보여주듯 인간은 자신이 믿는 대로 살아갈 것이기 때문에 앞으로 인간이 그런 유물론적인 신념에 따라 스스로를 기계보다 못한 존재로 여기며 거기에 따라 살아가게 될지 모른다. 여기에는 많은 고통이 따르겠지만 이런 고통이란 현재 최고의 과학이론에 따르자면 진화과정에서 생겨나는 불필요한 "오염물질"에 지나지 않는다.[31] 어쩌면 하라리 같은 현대지성인들이 진정 두려워하는 것은 그 자신의 이야기가 예견하는 이런 암울한 미래, 그 미래의 정신적 죽음과 인간성 상실이 아닐까 생각된다.

다행인 것은 인간이 하라리의 우려와 달리 아무 이야기나 그렇게 쉽게 믿고 따르지 않는다는 점이다. 인간은 세상에서 생산되고 유포되는 이야기를 모두 무조건적으로 믿고 따르지 않는다. 아리스토텔레스에 의하더라도 사람들이 어떤 이야기를 믿고 따르기 위해서는 적어도 세 가지 영역에서 감화가 일어나야 한다. 첫째 사람들의 생각에 동의가 이루어져야 한다. 또한 그들의 마음에 감동이 일어나야 한다. 또한 가히 그들이 따를 만한 실천적 모델이 있어 거기에 감화되어야 한다. 요컨대 사람들이 어떤 이야기를 믿고 따르려면 그들의 생각만 아니라 마음과 행동방식을 포함한 전인적 차원에서 변화가 일어나야 한다. 이런 변화는 전인적 변화인 동시에 영적인 변화라고 할 수 있다. 그런 변화는 근본적으로 하나님의 영이나 세상의 영에 의해 일어나는 변화이다. 사람들은 단순히 어떤 이야기를 들었다고 변하는 것이 아니라 영적인 영향력에 의해 움직이는 것이다.

그렇기 때문에 인간의 운명은 이제까지 단지 인간 자신에 의해 좌우되지 않았던 것처럼 앞으로도 단지 AI에 의해 좌우되지는 않을 것이다. 설령 AI의 사고력과 판단력이 인간을 앞서게 되더라도 하나님 안에 있는 우리는 그 모든 것 위에 계신 하나님의 인도함을 받을 수 있을 것이다. 또 그 하나님의 인도하심을 따라 AI도 제어할 수 있을 것이다. 반면 우리가 이렇게 하나님 안에 있지 않을 때 우리는 이제까지 그랬던 것처럼 앞으로도 거짓의 미혹을 받으며 살아갈 수 있다. 사실 인간은 AI가 개발되기 훨씬 이전부터 줄곧 거짓의 미혹과 지배를 받아 왔다. 과연 앞으로도 AI가 생산하는 지식정보가 인간을 미혹할 수 있겠으나 이런 미혹은 인간에게 전혀 새로운 것이 아니며 본질적으로 AI 자체에게서 비롯된 것도 아니다. 온갖 미혹은 원래부터 **"거짓의 아비"**(요 8:44)에게서 비롯된 것이다.

그런데 세상의 이야기를 하나님의 진리와 사단의 미혹으로 나누는 필자의 견해가 너무 이분법적이라 여겨진다면 여기 한 가지 덧붙일 말은 이것이다. 이 세상에 있는 지식은 모두 근본적으로 하나님의 창조원리에 기초한 것들이므로 전적으로 거짓된 것이기 어렵다. 사단은 진리를 호도할 수 있지만, 그의 속삭임조차도 전적으로 거짓일 수는 없다. 그런데 세상의 지식이 이렇게 전적으로 거짓일 수 없는 한편 또한 그것은 완전한 지식일 수도 없다. 인간의 이해력은 인간 현실의 한계 속에 갇혀 있으며 또 세상의 영의 미혹으로부터도 자유롭지 못하다. 그래서 이 세상의 지식과 세상의 이야기는 모두 진리와 거짓의 중간지대에 있다고 할 수 있다. 그렇기 때문에 중요한 것은 그중 어떤 것이 진리이고 미혹인지 가릴 수 있는 영적 분별력이다.

우리 교회는 어떤 것이 하나님으로부터 온 것인지 세상으로부터 온 것인지 분별하며 세상의 이야기가 아니라 하나님의 이야기를 따라 사는 공동체이다. 그런데 이미 말한 것처럼 어떤 이야기를 믿고 거기 따라 살기 위해서는 단지 지적 변화만 아니라 전인격적이며 영적인 변화가 수반되어야 한다. 이것은 하나님의 이야기를 따라 사는 우리 삶에도 당연히 해당되는 원리이다. 이런 우리 삶에는 지적인 동의나 의지적 결단 못지 않게 믿음의 공동체 안에서 함께 경험하는 감동과 감화가 필요하다. 그러므로 하나님의 이야기를 따라 사는 삶은 기본적으로 개인적 삶이 아니라 공동체적 삶이라 할 수 있다. 그것은 믿음의 공동체가 하나님 안에서 함께 살아가는 삶이다.

심리학적으로 말하자면 어떤 이야기를 따라 사는 삶은 일종의 '중간 현상(transitional phenomenon)'이다. 하나님의 이야기를 따라 사는 삶은 현실과 하나님 나라 사이의 중간지대를 지나가는 과도기적 삶이다. 우리는 아직 온전히 하나님의 얼굴을 볼 수 없다. 마치 동거울을 들여다보는 것처럼 그 형상을 다만 희미하게 추정할 수 있을 뿐이다 (고전 13:12). 우리 중 아무도 아직 하나님 얼굴을 완전하게 보지 못했지만, 함께하는 믿음의 사람들을 통해 그려볼 수 있다. 서로가 서로에게 하나님 얼굴을 비추는 거울이 되어 아직 보지 못한 그 하나님 얼굴을 떠올려보게 할 수 있다.

진리와 거짓의 중간지대에서 하나님의 음성을 식별하는 영적 식별 역시 혼자가 아니라 함께하는 공동체적 삶을 통해 가능하다. 서로 아픔과 위로를 나누는 가운데 세상이 씌운 거짓의 가면을 벗고 진실을 대면할 수 있다. 이렇게 거짓을 벗고 진실을 대면하는 공동체는 동시에 세상에 진리를 증거하는 공동체이다. 세상 사람들은 우리를 통해 하나님의 진리를 귀로 들을 뿐 아니라 마음으로 보게 될 것이다. 그래서 세상의 거짓 가운데 상하고 죽어가던 사람들이 죽음의 권세로부터 벗어

     IV. 세상과 하나님 나라 - 유아심리학과의 대화

나 진리로 나아오게 될 것이다. 그리고 마침내 우리 가운데서 그들이 잃어버렸던 하나님 얼굴을 다시 발견하게 될 것이다.

주석

* 이 책에서 인용된 성경은 개역개정판을 대체로 인용하고 부분적으로 사역 (私譯) 을 하였음.

I부 현대과학이 던진 질문 - 유발 하라리와의 대화

1 Yuval N. Harari, *Nexus,* 김명주 역, 『넥서스』 (서울: 김영사, 2024), 305.

2 Yuval N. Harari, *Homo Deus,* 김명주 역, 『호모 데우스: 미래의 역사』 (서울: 김영사, 2017), 173.

3 위의 책, 161.

4 Yuval N. Harari, "The Politics of Consciousness," https://www.youtube.com/watch?v=1rtS2OEV6bM, [게시 2022. 11. 24].

5 위의 글.

6 Yuval N. Harari, 『호모 데우스』, 162.

7 위의 책, 167-68.

8 Yuval N. Harari, "The Politics of Consciousness."

9 Yuval N. Harari, 『호모 데우스』, 190.

10 오봉근, 『메타인지, 생각의 기술』 (서울: 원앤원북스, 2020), 7.

11 김경일, "[토크콘서트 화통] AI가 절대 흉내 내지 못하는 것이 있다? 능력보다 상황이다 메타인지의 힘," https://www.youtube.com/watch?v=-Bob2MEbm9g, [게시 2020. 6. 18].

12 Yuval N. Harari, 『호모 데우스』, 157.

13 위의 책, 174.

14 위의 책, 176.

15 Yuval N. Harari, "The Politics of Consciousness."

16 Yuval N. Harari, 『호모 데우스』, 181.

17 위의 책, 82.

18 위의 책, 157.

19 위의 책, 155.

20 위의 책, 155.

21 Karl Barth, *Kirchliche Dogmatik* III/2, 오영석, 황정욱 역, 『교회교의학』 III/2 (서울: 대한기독교서회, 2017), 258-59.

22 Oscar Cullman, *Immortality of the Soul or Resurrection of the dead?,* 전주석 외 역, 『영혼불멸과 죽은 자의 부활』 (서울: 대한기독교서회, 2002), 12.

23 Plato, *Φαίδων,* 조대호 역, 『파이드로스』 (서울: 문예출판사, 2008), 53.

24 레이 커즈와일조차도 AI가 인간과 같은 마음을 갖게 될 것이라 단정하지 못하고 다만 그것이 자신도 "감정적 영적 체험을 한다고 주장할 경우 현실적으로 반박할 근거가 없기 때문에 우리가 그 주장을 승인하게 될 것 같다"고만 말하고 있다. Ray Kurzweil, *The Singularity is Nearer,* 김명남, 장시형 역,『특이점이 온다』 (서울: 김영사, 2007), 666.

  IV. 세상과 하나님 나라 - 유아심리학과의 대화

II. 마음과 영-고금(古今)의 심리학들과의 대화

[1] Oscar Cullmann, 『영혼불멸과 죽은 자의 부활』, 12.

[2] Plato, Πολιτεία, 천병희 역, 『플라톤전집 IV: 국가』 (서울: 도서출판 숲, 2019), 268.

[3] 이에 대한 더 상세한 논의는 이재현, 『뒤집어 읽는 심리학』 (서울: CLC, 2021, 49-50 참조

[4] Plato, 『플라톤전집 IV: 국가』, 257.

[5] Jürgen Moltmann, *Der Geist des Lebens*, 김균진 역, 『생명의 영』 (서울: 대한기독교서회, 1992), 119.

[6] Michael Welker, "Flesh-Body-Heart-Soul-Spirit: Exploring the Depth of the Human Person," in *The Depth of the Human Person: A Multidisciplinary Approach*, ed. Michael Welker (Grand Rapids: Eerdmans, 2014), 53.

7 위의 책.

[8] Jürgen Moltmann, 『생명의 영』, 56-57. 이런 하나님의 영과 '공감'의 관련성에 대한 보다 상세한 논의는 필자의 소고 "하나님의 공감적 내주–영성지향적 목회상담을 위한 새로운 관점," 『장신논단』 49 (2017), 299-322 참조.

[9] Frans De Waal, *The Age of Empathy*, 최재천, 안재하 역, 『공감의 시대』 (서울: 김영사, 2020), 117-18.

[10] Jeremy Rifkin, *The Empathic Civilization*, 이경남 역, 『공감의 시대』 (서울: 민음사, 2010), 59.

[11] Ronald Fairbairn, *Psychoanalytic Studies of the Personality*, 이재훈 역, 『성격에 관한 정신분석학적 연구』 (서울: 한국심리치료연구소, 2003), 47.

[12] 이만홍, 황지연, 『역동심리치료와 영적 탐구』 (서울: 학지사, 2007), 244.

[13] 두 사람의 교분은 둘의 사상적 공통점에서도 확인되지만 페어베언의 딸인 엘리노어 페어베언(Ellinor Fairbairn)의 증언으로 확인된 바 있다. 이재현, 『뒤집어 읽는 심리학』 (서울: CLC, 2021), 105.

[14] John Macmurray, *Persons in Relations* (Atlantic Highlands, N.J.: Humanities Press International, 1991), 50.

[15] Marie T. Hoffmann and Lowell W. Hoffmann, "Religion in the life and work of W. R. D. Fairbairn, in *Fairbairn and the Object Relations Tradition*, eds. Graham S. Clarke and David E. Scharff (New York: Routledge, 2014), 73.

[16] 위의 책, 72.

[17] Heinz Kohut, *The Analysis of the Self*, 이재훈 역, 『자기의 분석』 (서울: 한국심리치료연구소, 2002), 96.

[18] Heinz Kohut, *The Restoration of the Self*, 이재훈 역, 『자기의 회복』 (서울: 한국심리치료연구소, 2006), 176.

[19] Henry J. M. Nouwen, *Adam: God's Beloved*, 김명희 역, 『아담: 하나님이 사랑하시는 자』 (서울: IVP, 1998), 19.

[20] Karl Barth, 『교회교의학』 III/2, 257.

[21] Jürgen Moltmann, *Experiences in Theology: Ways and Forms of Christian Theology*,

trans. Margaret Kohl (Augsburg: Fortress Press, 2000), 322-23.

22 Heinz Kohut, *Kohut's Freudian Vision*, 이천영 역, 『코헛의 프로이트 강의』 (서울: 한국심리치료연구소, 2018), 151.

23 David M. Moss, "Narcissism, Empathy and the Fragmentation of Self: An Interview with Heinz Kohut," *Pilgrimage* 4-1 (1976), 34. 홍이화, 『하인즈 코헛의 자기심리학 이야기 I』 (서울: 한국심리치료연구소, 2011), 79에서 재인용.

24 Ana-Maria Rizzuto, *The Birth of the Living God*, 이재훈 외 역, 『살아있는 신의 탄생: 정신분석학적 연구』 (서울: 한국심리치료연구소, 2000, 327.

25 Karl Barth, *Kirchliche Dogmatik II/1*, 황정욱 역, 『교회교의학』 II/1 (서울: 대한기독교서회, 2010), 58-59.

26 Jürgen Moltmann, 『생명의 영』, 56.

27 Karl Barth, 『교회교의학』 II/1, 313-14.

28 위의 책.

29 Heinz Kohut, 『정신분석은 어떻게 치료하는가?』, 119-120.

30 유해룡, 『영성의 발자취』 (서울: 장로회신학대학교출판부, 2011), 245.

31 Ann Ulanov and Barry Ulanov, *Primary Speech*, 박성규 역, 『기도의 심리학』 (서울: 은성, 2013), 76.

32 권수영, 『기독(목회) 상담, 어떻게 다른가요: 심리학과 신학의 만남』 (서울: 학지사, 2007), 64.

33 이해리, "치료는 무엇을 해줄 수 있는가? 현대정신분석학의 도전," 『목회와 상담』 27 (2016. 11), 257-58의 사례를 일부 각색.

34 위의 논문, 257.

35 위의 논문, 266.

III. 성경 속의 심리학 - 성경과의 대화

1 Edward Tronick, "Why is connection with others so critical? The formation of dyadic states of consciousness and the expansion of individuals' states of consciousness: coherence governed selection and the co-creation of meaning out of messy meaning making," in *Emotional Development: Recent Research Advances*, eds. Jacqueline Nadel and Darwin Muir (Oxford: Oxford Univ. Press, 2005), 293.

2 일례로 Karl Barth, *Kirchliche Domatik* III/1, 신준호 역, 『교회교의학』 III/1 (서울: 대한기독교서회, 2015), 112.

3 St. Augustine, *The City of God*, 김종흡 역, 『하나님의 도성 III』 (서울: 크리스챤 다이제스트, 1992), 175.

4 Erik Erikson, *Childhood and Society*, 송제훈 역, 『유년기와 사회』 (서울: 연암서가, 2014), 309.

5 위의 책, 309.

6 우리는 사울 역시도 다윗이 자신을 죽이려 한다는 강박적 불안에 사로잡혀 있었다는 것을 다음에서 볼 수 있다. "사울이 그에게 이르되 네가 어찌하여 이새의 아들과 공모하여 나를 대적하여 그에게 떡과 칼을 주고 그를 위하여 하나님께 물어서 그에게 오늘이라도 매복하였다가 나를 치게 하려 하였느냐 하니"(삼상 22:13).

7 홍이화, 『하인즈 코헛의 자기심리학 이야기 I』, 160.

8 Donald Winnicott, *The maturational processes and the facilitating environment*, 이재훈 외 역, 『성숙과정과 촉진적 환경』 (서울: 한국심리치료연구소, 2000), 46.

9 김신형, "베드로의 환상에 대한 분석심리학적 해석"(미간행 박사학위 논문, 강남대학교, 2007), 95.

10 Don Richard Riso and Russ Hudson, *Personality Types*, 윤운성 외 역, 『애니어그램 성격 유형』 (서울: 학지사, 2000), 427.

11 위의 책, 430-31.

12 위의 책, 431.

13 위의 책, 431.

14 Erik Erikson, 『유년기와 사회』, 322.

15 위의 책, 322.

16 위의 책, 327.

17 위의 책, 328.

18 이재현, "목회상담에서의 '성숙한 역전이': 구원환상에 대한 상호주관적 이해의 재고," 『목회와 상담』 제38권 (2022. 5), 173.

19 Erik Erikson, 『유년기와 사회』, 328.

20 만년의 에릭슨은 「뉴욕타임즈」와의 인터뷰에서 "우리는 점점 해체(disintegrate)되어 가는 존재입니다"라고 고백했다. Daniel Goleman, "Erikson, in his own old age, expands his view of life," *New York Times*, 14 June 1988, 1.

21 Erik Erikson, "Reflections on the last stage and the first," *The Psychoanalytic Study of the Child* 39-1 (1984), 160.

22 위의 책.

23 Erik Erikson and Joan Erikson, *The Life Cycle Completed: Extended Version with New Chapters on the Ninth Stage of Development* (New York: W. W. Norton, 1994), 62.

24 위의 책.

IV. 세상과 하나님 나라 - 유아심리학과의 대화

1 Sigmund Freud, *Das Unbehagen in der Kultur*, 김석희 역, 『문명 속의 불만』 (서울: 열린책들, 2020), 244.

2 Otto Rank, *The Trauma of Birth* (Eastford: Martino Fine Books, 2010), 117.

3 James Loder, *The Transforming Moment*, 김성민 역, 『종교 체험과 삶의 변환』 (서울: 한국신학연구소, 1988), 167.

4   Carl G. Jung, *Answer to Job: Collected Works of C. G. Jung* 11 (Princeton: Princeton Univ. Press, 1975), 727.

5   Erik H. Erikson, *Toys and Reasons: Stages in the Ritualization of Experience* (New York: Norton & Company, 1977), 91.

6   Hanna Segal, *Introduction to the Work of Melanie Klein*, 이재훈 역, 『멜라니 클라인: 멜라니 클라인의 정신분석학』 (서울: 한국심리치료연구소, 1999), 122.

7   "여기서 제가 한 경험은 실로 놀라운 것으로서 쾌락원칙도 넘어서고 자아와 이드도 넘어서는 것입니다. 저는 제 작업속에서 새로운 빛이 나타나고 그 빛 아래 모든 것이 바뀌는 경험을 했습니다. 특별히 저는 공격성이나 보상 기제가 인간 내면에서 수행하는 작용을 보면서 이것을 느꼈습니다. 이로부터 그동안 제가 몰두해 왔던 우울증에 대한 엄청난 통찰의 길이 열렸습니다. 저는 우울증의 원인과 내용에 대해, 사랑과 증오를 비롯한 인간 감정의 엄청난 넓이에 대해 이해하게 되었습니다." Pearl King and Riccardo Steiner, eds. *The Freud-Klein Controversies 1941-45* (New York: Routledge, 1991), 174-75, 이재현, 『뒤집어 읽는 심리학』 (서울: CLC, 2021), 90에서 재인용.

8   Hanna Segal, 『멜라니 클라인』, 131.

9   James S. Grostein, *A Beam of Intense Darkness*, 이재훈 역, 『흑암의 빛줄기: 윌프레드 비온의 정신분석학』 (서울: 한국심리치료연구소, 2012), 179.

10   위의 책, 200.

11   James Loder, 『종교체험과 삶의 변환』, 267.

12   Scott Peck, *People of the Lie*, 윤종석 역, 『거짓의 사람들』 (서울: 비전과리더십, 2003), 112.

13   위의 책, 99.

14   위의 책, 111.

15   위의 책, 282.

16   Donald Winnicott, *Through Paediatrics to Psycho-Analysis*, 이재훈 역, 『소아의학을 거쳐 정신분석학으로』 (서울: 한국심리치료연구소, 2011), 81, 97.

17   위의 책, 99.

18   위의 책, 135.

19   Scott Peck, 『거짓의 사람들』, 301.

20   위의 책, 322.

21   Michel Foucault, *Surveiller et punir*, 오생근 역, 『감시와 처벌: 감옥의 탄생』 (서울: 나남, 2020), 12-13.

22   Heinz Kohut, 『자기의 회복』, 171.

23   Neil T. Anderson, *Victory Over the Darkness*, 유화자 역, 『내가 누구인지 이제 알았습니다』 (서울: 죠이북스, 1993), 11-12.

24   *Ateff Meshreky*, 『예수님의 보혈』 (안산: Shine International Korea, 2019), 17-18.

25   Mark R. McMinn, *Cognitive Therapy*, 정동섭 역, 『기독교 상담과 인지 요법』 (서울: 두란노, 1996), 44.

26   Leslie Newbigin, *The Open Secret*, 홍병룡 역, 『오픈 시크릿』 (서울: 복있는사람, 2012),

179.

27 위의 책, 98.

28 Yuval Harari, *Sapiens,* 조현욱 역, 『사피엔스』 (서울: 김영사, 2015), 48.

29 Yuval N. Harari, "AI and the future of humanity," https://www.youtube.com/watch?v=LWiM-LuRe6w, [게시 2023. 5. 14].

30 위의 책.

31 Yuval N. Harari, 『호모 데우스』, 176.